Markolf H. Niemz

Bin ich, wenn ich nicht mehr bin?

Das Buch

Erstmals gelingt es einem Physiker, die Frage nach Gott rational zu ent-schlüsseln. Wer oder was ist Gott? Was ist der Sinn des Lebens? Wohin gehe ich, wenn ich sterbe? Naturkatastrophen und Terroranschläge lassen uns diese Fragen immer wieder neu stellen. Bestsellerautor Markolf H. Niemz ent-wickelt eine Denkweise, die uns zu neuen Antworten führt. Indem er Erkennt-nisse aus der Naturwissenschaft mit Spiritualität und Religion verknüpft, begreifen wir plötzlich, was es mit der Ewigkeit und dem »Leben nach dem Tod« auf sich hat. Viele anschauliche Beispiele laden zum Einstieg in dieses neue, faszinierende Denken ein.

Der Autor

Prof. Dr. Markolf H. Niemz ist Physiker und hat einen Lehrstuhl für Medizin-technik an der Medizinischen Fakultät Mannheim der Universität Heidelberg. Seine Forschungen zur Lasermedizin wurden 1995 von der Heidelberger Akademie der Wissenschaften mit dem Karl-Freudenberg-Preis ausgezeich-net. Niemz studierte Physik und Bioengineering in Frankfurt, Heidelberg und San Diego. Seine Bücher sind Bestseller und beleben den Dialog zwischen Wissenschaft und Religion. Seine Lesungen und Vorträge sind Publikums-magneten.

Zuletzt erschienen: Sinn. Ein Physiker verknüpft Erkenntnis mit Liebe (Ver-lag Kreuz).

Markolf H. Niemz

Bin ich, wenn ich nicht mehr bin?

Ein Physiker entschlüsselt die Ewigkeit

HERDER

FREIBURG · BASEL · WIEN

HERDER spektrum Band 6351

Dieses Buch widme ich allen Opfern
von Naturkatastrophen
und menschlicher Gewalt.

MIX
Papier aus verantwor-
tungsvollen Quellen
FSC® C083411

Titel der Originalausgabe: Bin ich, wenn ich nicht mehr bin?
© Kreuz Verlag in der Verlag Herder GmbH, Freiburg im Breisgau 2011
ISBN 978-3-451-61046-2

2. Auflage 2013

© Verlag Herder GmbH, Freiburg im Breisgau 2013
Alle Rechte vorbehalten
www.herder.de

Umschlagkonzeption: Agentur RME Roland Eschlbeck
Umschlaggestaltung: Verlag Herder
Umschlagmotive: © Markolf H. Niemz

Satz: de·te·pe, Aalen
Herstellung: CPI – Clausen & Bosse, Leck

Printed in Germany

ISBN 978-3-451-06351-0

Inhalt

Gott würfelt und gewinnt   9
Wissenschaft, Spiritualität und Religion

Ziel 1   Das Unbegreifliche erfassen

New York, 11. September 2001   19

Indischer Ozean, 26. Dezember 2004   25

Winnenden, 11. März 2009   31

Japan, 11. März 2011   37

Wo warst du, Gott?   41

Ziel 2   Das Unbekannte erforschen

Die wichtigste Botschaft der Evolutionstheorie   49
Das Leben ist ein Spiel mit Regeln und Zufällen

Die wichtigste Botschaft der Relativitätstheorie   55
Absoluter Raum und absolute Zeit sind zwei Illusionen

Die wichtigste Botschaft der Quantentheorie   61
Alles hängt mit allem zusammen

Die wichtigste Botschaft der Sterbeforschung   67
Fühlen und Lernen sind der Sinn des Lebens

Ziel 3   Das Unfassbare begreifen

Ein einfacher Gottesbegriff   81
Gott ist Schöpfer und Schöpfung in einem

Ein einfacher Ewigkeitsbegriff   91
Ewigkeit ist die Perspektive,
aus der jede Distanz den Wert null hat

Ein einfacher Seelenbegriff   99
Meine Seele ist alles,
was ich jemals liebe und weiß

Ein einfacher Jenseitsbegriff   107
Das Jenseits besteht aus allen Seelen,
also aus aller Liebe und allem Wissen

Ziel 4   Das Unerforschliche erkennen

Warum es kein Leben nach dem Tod geben kann   117
Weil die Ewigkeit keine Entwicklung zulässt

Warum es ein Leben vor dem Tod gibt   125
Weil das Jenseits ohne unser Fühlen und Lernen
leer wäre

Warum Habgier und Gewalt
nicht erstrebenswert sind   131
Weil sie die größte Bedrohung für die Menschheit sind

Warum Liebe und Wissen erstrebenswert sind   137
Weil sie die höchsten Werte und somit in sich
sinnvoll sind

Ziel 5   Das Ganze verstehen

Wie sich »Himmel« und »Hölle« verstehen lassen   145
*Wenn jemand beim Sterben erfreut oder erschrocken
erkennt, wie das eigene Leben auf andere gewirkt hat*

Wie sich ein Jenseitskontakt verstehen lässt   153
*Wenn jemand den Zugriff auf die Liebe und das Wissen
eines Verstorbenen als Begegnung mit ihm interpretiert*

Wie sich eine Wiedergeburt verstehen lässt   159
*Wenn jemand den Zugriff auf das Wissen eines
Verstorbenen als ein früheres Leben interpretiert*

Advaita oder »Eines ist nicht Vieles«   165
Das Ganze lässt sich nur als Ganzes verstehen

Kompakt

Fünf Begriffe   180

Fragen und Antworten   181

Stiftung Lucys Kinder   189

Anmerkungen   193

Bild- und Textnachweis   198

Danksagung und Kontaktmöglichkeit   199

Josua hat mich heute gefragt:
»Papa, gibt es im Himmel auch Bücher zum Lesen?«

Ich antwortete:
»Der Himmel ist die größte Bücherei der Welt.
Dort gibt es sogar Bücher über deine Erlebnisse
mit Oma und Opa.«

Gott würfelt und gewinnt

»Gott würfelt nicht«[1] war die Reaktion von Albert Einstein, als er sich im Jahr 1926 mit der entstehenden Quantentheorie auseinandersetzte. Es behagte ihm nicht, dass Gott würfeln, also etwas dem Zufall überlassen könnte. Doch warum sollte Gott eigentlich nicht würfeln? Eine Welt ohne Zufall hätte Gott gar nicht zu starten brauchen, weil dann schon zu Beginn feststehen würde, wie alles ablaufen wird. Gott und Zufall schließen sich also *nicht* gegenseitig aus. Erst Zufall macht das Leben interessant, aber auch lebensgefährlich.

Abb. 1: Würfelt Gott?

Während ich dieses Vorwort schreibe, entweicht nach einer Pressemeldung[2] radioaktive Strahlung aus dem japanischen Atomkraftwerk Fukushima. Wer glaubt, dass diese Tragödie auf Japan begrenzt sei, irrt gewaltig. Die Katastrophe macht uns allen bewusst, dass die Natur und wir Menschen nicht zwei sind, sondern eins. Sie zeigt uns, wie zerbrechlich und eng unser Lebensraum ist, den wir nur durch den Tod verlassen können. Es darf zukünftig nie mehr vorkommen, dass wir gefährliche Kraftwerke in gefährlichen Erdbebengebieten bauen. Wir? Ja, wir! Die ganze Menschheit ist betroffen und muss nach Lösungen suchen. Japans Kraftwerke könnten in China oder Ostsibirien stehen und den Strom bis nach Japan liefern, wenn da nicht die Landesgrenzen wären. Die Menschheit muss es endlich schaffen, sich als ein *Ganzes* zu begreifen, wenn sie nicht frühzeitig aussterben will.

Unsere Sprache enthält bereits die Weisheit, dass wir Heil und Gesundheit nur im Ganzen finden können. Der Begriff »Heil« stammt wie die drei englischen Worte *healthy, holy, whole* (auf Deutsch: gesund, heilig, ganz) von der gleichen griechischen Wurzel *holos* (auf Deutsch: ganz) ab. In diesem Buch lassen wir uns vom ganzheitlichen Denken leiten. Ungewöhnlich ist die Kombination, dass ich Physiker bin, an Gott glaube und viele Menschen kenne, die schon einmal klinisch tot waren. Aus alledem habe ich eine kühne, in sich schlüssige Theorie entwickelt, die auf die großen Fragen der Menschheit Antworten geben kann, als da wären:

Gibt es Gott?
Falls ja, wer oder was ist Gott?

Gibt es einen Sinn des Lebens?
Falls ja, was ist der Sinn des Lebens?

Gibt es ein Leben nach dem Tod?
Falls nein, wohin gehe ich, wenn ich sterbe?

Das ist kein Witz, sondern purer Ernst. Bemerkenswert ist, dass meine Theorie auf Naturwissenschaft, Sterbeforschung und Religion beruht. Sie spricht also jeden Menschen unabhängig davon an, ob er gläubig ist oder nicht. Die Theorie berücksichtigt die Kerngedanken der Weltreligionen ebenso wie die Vorstellung, dass es kein Leben nach dem Tod gibt. Trotz – aber vielleicht auch gerade wegen – dieser verblüffenden Universalität betrachte ich meine Theorie als in sich schlüssig. Bis zum heutigen Tag sind mir keine logischen Widersprüche bekannt, obwohl ich meine Gedanken bereits auf zahlreichen Lesungen und Vorträgen präsentiert habe. Das enorme Interesse und die Reaktionen meiner Leser und Zuhörer – darunter auch Wissenschaftler und Theologen – zeigen mir, dass ich mit dieser Theorie nicht völlig daneben liegen kann. Falls Sie jedoch einen Widerspruch finden, den ich nicht entschärfen kann, werde ich meinem Anspruch als Wissenschaftler gerecht und werde alles widerrufen.

Um Sie mit meiner Denkweise vertraut zu machen, lege ich alle Karten zu Beginn offen auf den Tisch. Bewusst spreche ich von »Karten«, weil ich glaube, dass wir an einem unvorstellbar großen und tiefsinnigen Spiel teilnehmen, dem Spiel des Lebens. Eine Bitte habe ich, damit Sie dessen Spielidee nachvollziehen können: Bitte lesen Sie das Buch möglichst *unvoreingenommen*. Wie ich schon bald erläutern werde, ist jede Religion menschengemacht. Wenn Sie also der Wahrheit einen Schritt näher kommen wollen, müssen Sie wie die Wissenschaftler bereit sein, alles kritisch zu hinterfragen – auch Raum und Zeit und ihren Gottesbegriff, falls Sie einen haben. Allerdings wollen wir uns der Wahrheit nicht nur um einen Schritt, sondern um fünf Schritte nähern. In kompakter Form beruht meine Theorie über das Leben und den Tod auf den folgenden fünf Fakten:

Fakt 1: In der Natur gibt es Regeln.
        Beispiele sind Naturgesetze.
        Regeln stellen sich nicht selbst auf.
        Die Quelle der Regeln nenne ich »Gott«.

Fakt 2: In der Natur gibt es Zufälle.
        Beispiele sind genetische Mutationen.
        Freie Entfaltung ist nur im Zufall möglich.
        Zufälle deuten an, dass das Leben ein Spiel ist.

Fakt 3: In der Natur gibt es Lebewesen.
        Beispiele sind Pflanze, Tier, Mensch.
        Jedes Lebewesen kann fühlen und lernen.
        Fühlen und Lernen nenne ich »Sinn des Lebens«.

Fakt 4: In der Natur gibt es absolute Werte.
        Beispiele sind die Liebe und das Wissen.
        Liebe muss gefühlt, Wissen muss gelernt werden.
        Was ich jemals liebe und weiß, nenne ich »Seele«.

Fakt 5: In der Natur gibt es auch den Tod.
        Nahtoderfahrene sprechen oft vom Licht.
        Die Perspektive des Lichts nenne ich »Ewigkeit«.
        Die Summe von allen Seelen nenne ich »Jenseits«.

Um möglichen Missverständnissen vorzubeugen, gebe ich zu jedem Fakt eine kurze Anmerkung.

Anmerkung zu Fakt 1:
Irgendjemand oder irgendetwas bewirkt, dass Naturgesetze wie $E = mc^2$ (Energie E, Masse m, Lichtgeschwindigkeit c) überall im Kosmos gelten. Weil wir Beziehungswesen sind, stellen sich viele Menschen Gott personal (als Urheber) vor. Gott kann aber auch abstrakt (ein Prinzip) sein.

Anmerkung zu Fakt 2:
Gott spielt sicher nicht im Casino. Das Leben kann aber ein tiefsinniges Spiel um das Erschaffen von Liebe und Wissen sein. Wer zufällig zur falschen Zeit am falschen Ort ist, verliert vielleicht sein Ich. Hinterbliebene können Trost darin finden, dass es noch etwas Wertvolleres gibt als das Ich.

Anmerkung zu Fakt 3:
Sogar beim Sterben, das ein Teil des Lebens ist, können wir noch fühlen und lernen. Nahtoderfahrene berichten, hierbei werde eine Lebensrückschau vorgespielt, die auch enthülle, wie das eigene Leben auf andere gewirkt habe. Anhand der Rückschau müsse jeder sein Leben selbst beurteilen. Diese größte Lernlektion werde als Himmel oder als Hölle erlebt.

Anmerkung zu Fakt 4:
Etwas ist absolut, wenn es aus jeder Perspektive gleich ist. Die Liebe ist absolut, wenn sie aus dem Liebenden und dem Geliebten ein Ganzes macht. Hass ist stets relativ, weil der Hassende anders empfindet als der Gehasste. Nahtoderfahrene bezeichnen Liebe und Wissen oft als das Wichtigste im Leben. Was also liegt näher, als die Seele eines Lebewesens mit gefühlter Liebe und gelerntem Wissen gleichzusetzen?

Anmerkung zu Fakt 5:
Für das Licht hat jede räumliche und zeitliche Distanz den Wert null. Genau das ist die Ewigkeit. Ohne ein Gegenüber gibt es keine Beziehung, ohne ein Nacheinander keine Entwicklung, folglich auch kein Leben nach dem Tod. Nahtoderfahrene berichten, sie seien durch einen Tunnel zu einem Licht geflogen. Physikalisch entsteht dieser Eindruck genau dann, wenn etwas – vielleicht die Seele – bis auf Lichtgeschwindigkeit beschleunigt wird, also ins Licht eintaucht.

Bitte stecken Sie mich jetzt nicht vorschnell in die Ecke von Esoterik, Kreationismus oder Intelligent Design. Ich glaube nämlich an die Evolutionstheorie und die Physik ebenso wie an Gott. Jedoch halte ich Wissenschaftler, die alles – auch die Liebe – mit Physik erklären wollen, für genauso engstirnig wie Theologen, die behaupten, das Leben sei tatsächlich in sieben Tagen entstanden. Ich gestehe zu, dass sich meine Theorie nicht durch Beobachtung überprüfen lässt. Dafür zeichnet sie sich dadurch aus, dass sie Naturwissenschaft, Sterbeforschung und Religion gleichermaßen ernst nimmt, ohne dabei in einen Konflikt zu geraten. *Ausgewogen, einfach, schlüssig* – das sind meine Kriterien für Wahrheit.

Zum Aufbau des Buches: Ich starte mit der Dokumentation von vier Schreckenstagen (dem 11. September 2001 in New York, dem 26. Dezember 2004 im Indischen Ozean, dem 11. März 2009 in Winnenden, dem 11. März 2011 in Japan) und lasse auch Betroffene zu Wort kommen. Niemand kann das entstandene Leid authentischer ausdrücken als die Hinterbliebenen der Opfer. Anschließend stelle ich eine simple Frage, die wohl jeden Gläubigen an jenen Tagen beschäftigt hat: »Wo warst du, Gott?« Kaum ein Theologe hat es geschafft, die Angehörigen nachhaltig mit Gott zu versöhnen. Solches gelingt erst dann, wenn wir uns Gott nicht nur als Schöpfer vorstellen, sondern zugleich als Schöpfung.

Wir werden schrittweise vorgehen, um dieses Endziel zu erreichen. Zunächst setzen wir uns mit den drei bedeutendsten Theorien der Wissenschaft auseinander – Evolutionstheorie, Relativitätstheorie und Quantentheorie. Danach verknüpfen wir dieses Wissen mit Erkenntnissen der modernen Sterbeforschung. Dabei lassen wir uns von sogenannten »Nahtoderfahrungen« inspirieren, also spirituellen Erlebnissen, die in

Todesnähe gemacht werden. Wissenschaft und Spiritualität haben gemeinsam, dass sie beide zu *Erkenntnis* führen, wobei Spiritualität subjektiv und darum schwerer zu vermitteln ist. Wissenschaftler, die sich von ihrer Spiritualität leiten lassen, sind längst keine »Spinner« mehr. Wissenschaft braucht spirituelle Impulse, um Neuland zu erschließen. Im Gegenzug kann sie uns bei vielen Glaubensfragen behilflich sein, die Spreu vom Weizen zu trennen.

Glauben ist das Stichwort für den nächsten Schritt, in dem wir uns mit religiösen Begriffen befassen. Bei Religion geht es nicht um ein Erkennen, sondern um ein *Glauben,* also ein Vertrauen auf Gott. Religionen sind Wegweiser, die uns im Leben Orientierung geben können, aber sie vermitteln keine Kenntnis über die Welt, in der wir leben. Daraus dürfen wir aber nicht schlussfolgern, dass Religion weniger wert sei als Wissenschaft oder Spiritualität. Religion allein vermag die reizvolle Frage zu beantworten, warum etwas so ist, wie es ist. Deshalb nehme ich Religion sehr ernst und biete einen Gottesbegriff an, der nicht nur mit Naturkatastrophen und menschlicher Gewalt vereinbar ist, sondern auch noch mit den Kerngedanken der Weltreligionen.

Danach wenden wir uns vier spannenden Warum-Fragen zu und stellen fest, dass nichts Materielles von Dauer ist. Wirklich nichts! Wer also sein Leben bloß an materiellen Werten ausrichtet, wird keinen universellen Sinn des Lebens finden. Sinnsuchende sind besser beraten, nach immateriellen Werten zu streben. Solche Werte existieren, aber sie lassen sich nicht kaufen. Schon in meinen drei Lucy-Büchern[3] betonte ich, dass es sich hierbei um die Liebe und das Wissen handelt. *Bin ich, wenn ich nicht mehr bin?* ist keine Fortsetzung der Trilogie, sondern ein eigenständiges Buch. Es schließt mit verblüffend einfachen Erklärungen für Jenseitskontakte, Wiedergeburt und einem Einblick in die fernöstliche Ganzheitslehre *Advaita*.

Auf diese Weise lassen sich viele Brücken zwischen Wissenschaft, Spiritualität und Religion schlagen. In einer Zeit, die von Globalisierung und Spezialisierung geprägt ist, sind solche Brücken äußerst wertvoll. Die Globalisierung lässt unseren Lebensraum zusammenrücken, bedroht jedoch den Weltfrieden. Die Spezialisierung lässt unseren Lebensstandard steigen, bedroht jedoch die Umwelt. Weltfrieden und eine intakte Umwelt sind extrem labile Voraussetzungen für das Fortbestehen der Menschheit. Leider ist die Menschheit bereits in der Lage, sich selbst zu vernichten – gewollt mit Waffen oder ungewollt, indem sie die zunehmende Umweltzerstörung ignoriert. Um uns davor zu bewahren, brauchen wir nicht nur fähige Politiker, sondern vor allem einen ausgewogenen Dialog zwischen Wissenschaft, Spiritualität und Religion. Das Spiel des Lebens geht auch ohne uns irgendwo im Universum weiter, so dass es stets heißen wird: »And the winner is … God.« *Gott gewinnt.*

Ein Hinweis liegt mir noch am Herzen: In meinen Büchern biete ich stets Gedanken an. Insbesondere möchte ich weder missionieren noch über die Meinungen anderer urteilen. Ich halte es für den größten Fehler einer Religion zu missionieren, um Andersgläubige zu bekehren. Es lässt sich weitaus mehr bewirken, wenn wir unsere Mitmenschen zum eigenen Nachdenken motivieren. In diesem Sinn wünsche ich Ihnen eine geistig erfrischende und anregende Lektüre.

Markolf H. Niemz

Ziel 1

Das Unbegreifliche erfassen

Die wichtigste Erkenntnis aus meinen Gesprächen
mit Nahtoderfahrenen passt in einen einzigen Satz:

»Beim Sterben glühen in uns
die Herzen und die Schmerzen,
die wir anderen bereitet haben.«

New York, 11. September 2001

07.59 Uhr (Ortszeit New York): In Boston, USA, startet Flug 11 der American Airlines mit Kurs auf Los Angeles. An Bord befinden sich insgesamt 92 Passagiere, darunter fünf Selbstmordattentäter.

08.14 Uhr: Ebenfalls in Boston hebt Flug 175 der United Airlines mit demselben Kurs auf Los Angeles ab. An Bord befinden sich insgesamt 65 Passagiere, darunter auch fünf Selbstmordattentäter.

08.28 Uhr: Auf dem Bostoner Kontrollradar ist zu sehen, dass Flug 11 der American Airlines einen nicht vorgesehenen Kurswechsel um 100 Grad nach Süden vornimmt. Das Flugzeug steuert direkt auf die Großstadt New York zu.

08.42 Uhr: Auch Flug 175 der United Airlines weicht vom offiziellen Kurs ab und fliegt nach Süden.

08.45 Uhr: Madeline Amy Sweeney, Stewardess im Flug 11 der American Airlines, berichtet aufgeregt am Telefon: »Hier stimmt etwas nicht. Wir verlieren rapide an Höhe.«[4] Und nach kurzer Pause: »Oh, mein Gott. Wir fliegen viel zu niedrig.« Wenige Sekunden später ist die Leitung tot.

08.46 Uhr: Flug 11 der American Airlines rast in den Nordturm des *World Trade Centers* in New York – das größte Wahrzeichen der Wirtschaftsmacht USA. Das Flugzeug hat ungefähr 34 000 Liter Kerosin an Bord und schlägt mit einer Geschwindigkeit von etwa 630 km/h ein.[5] Augenzeugen glauben zunächst an ein Unglück.

08.47 Uhr: Die erste Meldung eines Feuerwehrmanns geht schon wenige Sekunden nach dem Einschlag in der Zentrale ein: »Wir hatten eben einen Flugzeugabsturz in die oberen Stockwerke des *World Trade Centers*. Die Außenhülle des Gebäudes brennt. Es gab eine riesige Explosion ... Sendet jeden verfügbaren Krankenwagen, alles was ihr habt, zum *World Trade Center*. Sofort!«[6]

09.03 Uhr: Flug 175 der United Airlines explodiert im Südturm des *World Trade Centers*. Der Verdacht eines Terroranschlags erhärtet sich. Einige Personen, die im Feuer und Rauch der oberen Stockwerke eingeschlossen sind, springen aus purer Verzweiflung herunter – in den Tod.

09.24 Uhr: Der US-Präsident George W. Bush wird während einer Schülervorlesung in Florida über die Anschläge informiert. Er gibt eine erste Stellungnahme ab und erklärt die Ereignisse zur nationalen Tragödie. Kurz danach wird er zum Flugplatz gebracht und besteigt die *Air Force One*.

09.33 Uhr: Die Lufthansa ruft alle Flugzeuge auf der Nordatlantikroute zurück, die sich zu diesem Zeitpunkt östlich von Grönland befinden.

09.40 Uhr: Der gesamte Luftraum der USA wird für den zivilen Flugverkehr geschlossen. Flüge vom Ausland in die USA werden nach Kanada umgeleitet.

09.59 Uhr: Der Südturm des *World Trade Centers* bricht in sich zusammen.

10.29 Uhr: Der Nordturm des *World Trade Centers* bricht in sich zusammen.

17.20 Uhr: Ein benachbartes 47-stöckiges Hochhaus, das *World Trade Center* Nr. 7, stürzt ein.

20.30 Uhr: In einer landesweiten Fernsehansprache kündigt der US-Präsident an, die Täter gnadenlos zu verfolgen.

Abb. 2: Terroranschlag auf das World Trade Center

Bei den Anschlägen vom 11. September 2001 starben allein in New York fast 2800 Menschen.[7] Am gleichen Tag wurden in den USA noch zwei weitere Flugzeuge entführt und als menschliche Bomben missbraucht, so dass die Zahl aller Opfer sogar bis fast 3000 anstieg.[8] Für die Hinterbliebenen sind Trauer und Schmerz unvorstellbar groß. Am schlimmsten trifft es die Lebensgefährten und die Kinder der Opfer. Über 3200 Kinder wurden an diesem Tag zu Waisen oder Halbwaisen![9] Fast jeder Mensch, den ich heute frage, weiß noch ganz genau, wo er am 11. September 2001 war, als er zum ersten Mal von den Terroranschlägen erfuhr. Sie auch? Christie Coombs hatte um 12.55 Uhr nach einem Anruf von American Airlines die Gewissheit, dass ihr Mann an Bord des Fluges 11 war. Dann kam die allerschlimmste Aufgabe ihres Lebens – ihren Kindern mitteilen, dass Papa nie mehr nach Hause kommt. Hier ist ihr Bericht:[10]

Für meine Familie ist der 11. September ein Tag, den wir mit viel Trauer begehen, mit Furcht, mit massiven Ängsten und mit einer Leere, so tief, dass ich sie nicht beschreiben kann. Derartige Gefühle bewegen mich, seit Jeffrey – mein Ehemann für fast 17 Jahre – von gefühllosen, bösen, kaltblütigen Feiglingen ermordet wurde. Genau eine Woche vor seinem 43. Geburtstag hatte mein unglaublich lustiger, liebender und zugeneigter Mann und Vater unserer drei Kinder kurzfristig einen Flug gebucht – an Bord von Flug 11. Jeffrey wollte eine Geschäftsreise nach Los Angeles machen und schon vier Tage später wieder zu Hause sein, um unsere Geburtstage zusammen zu feiern ... Doch ab diesem Jahr sollte das Fest nie wieder stattfinden. Stattdessen verbrachten wir eine Woche und auch jeden Tag danach damit, den Schock, das Nicht-wahr-haben-Wollen und den Schrecken bezüglich der Umstände seines Todes zu verarbeiten.

Meine Kinder und ich versuchen wieder zu leben trotz einer Tragödie, die unser Leben unterbrach, unsere Familie zerbrach und uns emotional zerrüttete. In den ersten Monaten danach musste ich mit Medienanfragen und dem Papierkram fertigwerden und gleichzeitig die Kinder wieder in ein eini-

germaßen normales Leben zurückführen. *Professionelle Beratung und meine konsistente Fürsorge und Unterstützung waren erforderlich, damit sie sich wieder sicher fühlen konnten. Dauernd versuche ich, ihnen klarzumachen, dass wir eines Tages wieder ok sein werden, aber selbst mir fällt es schwer, das zu glauben, nach allem, was geschehen ist.*

Ich habe meinen Lebenspartner verloren – den Mann, der mich fühlen ließ, dass ich etwas ganz Besonderes bin. Die Kinder haben ihren Vater verloren, der unserer Familie Sicherheit, viel Lebensfreude und Ausgewogenheit schenkte. Das Leben ohne Jeffrey ist wirklich wie ein Kampf. Unsere Herzen sind völlig zerrissen. Heute lebe ich in einer Einsamkeit, die sich kaum jemand vorstellen kann. Es gibt keine Gemeinsamkeit und keinen Gute-Nacht-Kuss mehr zum Ausklang eines langen Tages, wenn man alleinerziehend ist. Das ersetze ich heute durch Briefe an meinen Mann, die ich in meiner kleinen Zeitschrift veröffentliche. Für mich ist das ein notwendiger, aber leider nur ein einseitiger Versuch, in Verbindung zu bleiben. Sein Foto trage ich ganz dicht bei meinem Herzen – in der Hoffnung, wieder zu fühlen, wie er mich in seine Arme nimmt. Ich schließe dann meine Augen und lausche seinem herzlichen Lachen, das er beim wilden Toben mit den Kindern von sich gab.

»God bless daddy« ist immer noch der erste Vers, wenn die Kinder abends beten, aber er hat heute eine andere Bedeutung. Sie beten zu Gott, dass er ihrem Vater beistehen möge, und sie beten zu ihrem Vater, dass er uns beistehen möge. Früher hatte der Papa sie oft zu Bett gebracht, sie liebevoll gestreichelt und über die Tagesereignisse und die Pläne von morgen gesprochen. Heute legen die Kinder sein Bild neben ihr Kopfkissen und hüten es wie ihren größten Schatz.

Ohne Zweifel zählen die Terroranschläge vom 11. September 2001 zu den schlimmsten Verbrechen, die jemals von Menschen verübt wurden. Dass es überhaupt dazu kommen konnte, hat sicher viele Gründe – allen voran ein nicht vorhandenes Bewusstsein zahlreicher Menschen für Toleranz. Wer glaubt, im Namen seines Gottes unschuldige Menschen töten zu müssen, will seine eigene religiöse Überzeugung mit aller Gewalt durchsetzen. Er gesteht uns Mitmenschen keine andere religiöse Überzeugung zu und hat somit nicht begriffen, dass alle Menschen von Natur aus auf derselben Stufe stehen. Er begeht ein Verbrechen an der Menschheit und damit an sich selbst.

Ohne dieses Verbrechen schmälern zu wollen, soll es als ein erstes Beispiel dienen, um uns im ganzheitlichen Denken zu üben. Auch Terroristen sind Menschen, und für ihre Taten haben sie Motive. Die Motive berechtigen zwar nicht dazu, andere Menschen zu töten, aber sie zeigen uns, dass etwas in der globalisierten Welt schief läuft. Wer versucht, seine politischen, wirtschaftlichen oder religiösen Interessen überall in der Welt durchzusetzen, provoziert anders Denkende. Globalisierung kann nur funktionieren, wenn ich nicht bloß meine Interessen im Blick habe, sondern die Welt als Ganzes. Das *World Trade Center* war auch Sitz vieler Börsenmakler, die riskante Termingeschäfte abwickelten, während *täglich* etwa 24 000 Menschen verhungern.[11] Das sind fast zehn Mal so viel, wie bei den Anschlägen am 11. September 2001 ums Leben kamen! Wenn wir terroristischen Vereinigungen ihren Nährboden entziehen wollen, müssen wir mit besseren Beispielen vorangehen und Werte wie Menschlichkeit und Bildung exportieren. Davon profitieren alle – nicht nur eine kleine Gruppe von Privilegierten.

Indischer Ozean, 26. Dezember 2004

07.58 Uhr (Ortszeit Sumatra): Ungefähr 100 Kilometer nordwestlich von Sumatra senkt sich plötzlich der Indische Ozean. Im Bruchteil einer Sekunde sackt der Meeresboden in rund 1000 Meter Tiefe einfach nach unten weg, während er sich woanders mit vergleichbarer Wucht aufbäumt. Zwei Platten der Erdkruste, die ineinander verhakt waren, gleiten ruckartig aneinander vorbei. In wenigen Augenblicken entladen sich Spannungen aus mehreren Jahrhunderten. Dieser Schlag setzt eine gewaltige Energie frei, die sich vollständig auf das darüber liegende Wasser überträgt. Ein gigantischer Tsunami entsteht.

08.07 Uhr: Bereits jetzt werden die Primärwellen des Seebebens in Tokio registriert, eine Minute später in Nairobi und sieben Minuten später in Golden, Colorado, USA. Sie nehmen einfach den kürzesten Weg durch unseren Planeten. Zu diesem Zeitpunkt war weltweit auf allen Seismographen zu erkennen, dass sich im Indischen Ozean etwas ganz Bedrohliches ereignet hat – ein Seebeben mit der Stärke 9,1.

08.15 Uhr: Der Tsunami trifft zuerst auf die Küste von Sumatra und zerschmettert dort die Stadt Banda Aceh. Wie ein Hobel greift er in die Häuser und reißt alles mit, was ihm in die Quere kommt – Tiere, Menschen, Bäume, Autos, Schiffe, Brücken, Hotels. Eine flüssige Wand, kilometerbreit und mindestens 15 Meter hoch hat die Wirkkraft einer Bombe. In wenigen Minuten sterben über 30 000 Menschen, weil sie erschlagen werden oder ertrinken.

08.20 Uhr: 750 Kilometer nordwestlich von Sumatra erreicht der Tsunami die Insel Car Nicobar und verwüstet sie schwer. Etwa 5000 Menschen überleben die Katastrophe nicht. Das entspricht mehr als zehn Prozent der einheimischen Bevölkerung.

Gegen 09.00 Uhr: Der Tsunami rast nun in sämtliche Richtungen des Indischen Ozeans. Je tiefer das Meer ist, umso schneller breitet er sich aus. Ab einer Meerestiefe von 4000 Metern beträgt seine Geschwindigkeit 700 km/h und mehr.

10.00 Uhr: Ungefähr zwei Stunden nach dem Hauptbeben kommt der Tsunami an die Westküste von Thailands Urlaubsinsel Phuket. Er flutet dort nacheinander alle Strände von Süden nach Norden und lässt einige hundert unvorbereitete Menschen in den Wassermassen sterben.

10.20 Uhr: Mit voller Wucht und einer immer noch gewaltigen, zehn Meter hohen Flutwelle trifft der Tsunami bei Khao Lak auf das Festland von Thailand. Viele Hotelanlagen werden komplett zerstört. Tausende von überraschten Bewohnern und Urlaubsgästen finden einen schnellen Tod.

10.30 Uhr: Der Tsunami erreicht die Küsten von Sri Lanka und fordert weit über 30 000 Todesopfer. Unweit von Pereliya wird eine Eisenbahn mit etwa 1500 Menschen an Bord vom Hochwasser fortgespült.

11.20 Uhr: In kurzer Zeit überflutet der Tsunami alle Inseln der Malediven, die am östlichen Außenriff liegen und kein schützendes Atoll vor sich haben. Weil viele dieser Inseln nur ein bis zwei Meter aus dem Wasser herausragen, werden sie von der Flutwelle komplett unter Wasser gesetzt.

15.15 Uhr: Inzwischen hat der Tsunami den gesamten Indischen Ozean durchquert und trifft nun in Afrika auf die somalische Küste. Noch immer hat er so viel Kraft, dass etwa 300 Menschen in den Fluten ertrinken.

19.35 Uhr: In Kenia holt sich die Welle ihr vorerst letztes Opfer. Leider bleibt es nicht dabei. In den kommenden Wochen sterben noch Tausende an den Folgen des Tsunami.

Abb. 3: Verwüstung nach dem Tsunami

Es ist eine traurige Bilanz: Am Seebeben vom 26. Dezember 2004 und an seinen Folgen sind ungefähr 230 000 Menschen gestorben.[12] Über 110 000 Menschen wurden verletzt, und mehr als 1,7 Millionen Einheimische rund um den Indischen Ozean wurden obdachlos.[13] Die am stärksten betroffenen Länder waren der Reihe nach Indonesien, Sri Lanka, Indien und Thailand. Die Vereinten Nationen haben sofort eine umfangreiche Rettungsaktion gestartet, die zudem von zahlreichen internationalen Hilfsorganisationen mitgetragen wurde. Dennoch kam es in den überfluteten Gebieten sehr schnell zu einem Engpass bei Trinkwasser und Lebensmitteln. Durst, Hunger und Seuchen wurden vielen Menschen zum Verhängnis. Obwohl die meisten Häuser inzwischen wieder aufgebaut sind, sitzt das Trauma bei den Überlebenden tief. Können Sie sich vorstellen, was es bedeutet, wenn plötzlich eine zehn Meter hohe Wasserfront aus dem Meer aufsteigt? Sylvanus Wilfred hat es hautnah miterlebt. In der Dokumentation *Tsunami – Geschichte eines Weltbebens*[14] ist der folgende, aufwühlende Bericht nachzulesen:

Die erste Welle war etwa zehn Meter hoch. Sylvanus Wilfred, Pfarrer von St. Peter in Kimious auf Car Nicobar, sitzt in der Krone eines Mangrovenbaums, sein jüngstes Kind im linken Arm, mit dem rechten Arm hält er sich fest. Er sieht die zweite Welle kommen. Sie ist so grau, so schwarz wie die erste. Höher als die erste. Schneller als die erste. Sylvanus sieht, wie das Wasser zuerst die Palmen aus dem Boden reißt und dann die Mangrovenbäume. Er sieht auch, wie die Menschen stürzen – seine Menschen. Er muss doch auf sie aufpassen, er ist ihr Pfarrer. Er sieht, wie sie weggerissen werden. Er sieht Hunderte sterben. Menschen, die erschlagen werden von Dächern, Bäumen, Steinen. Eltern, denen im letzten Moment ihres Lebens ihre Kinder aus den Armen gerissen werden – und dann ertrinken sie selbst.

Er sieht seine Frau. Dort hinten. Im Wasser. Sie schwimmt, sie hält sich fest, sie bekommt den Stamm eines Mangrovenbaums zu fassen, sie klettert hinauf, aber wo ist Emerson, sein Sohn? Und wo ist Foby, die Älteste?

Das Baby in seinem Arm, Joeline, seine Jüngste, zittert jetzt, windet sich, weint, und Sylvanus beruhigt sie. Redet auf sie ein. Sein Baum steht nun mitten im Meer. Sylvanus ist etwa sechs Meter über dem Boden, aber das Wasser erreicht seine Füße. Er sieht, dass nur noch fünf, sechs Bäume in dieser Bucht stehen, der Rest ist entwurzelt. Einfach weg. Er sieht Menschen im Meer, sie strampeln, schreien, versinken und tauchen nicht wieder auf. Er ist ihr Pfarrer, er müsste sie retten, er sieht sie sterben. Und dann stürzt er.

Sylvanus Wilfred schwimmt über seiner Insel, er wird mitgerissen, in Strudel gezogen, aber er taucht wieder auf, und er hält sein Baby fest. Und dann sieht er einen Baum, der noch steht, einen Mangrovenbaum, tritt auf einen menschlichen Körper, als er sich abstößt – und klettert hinauf. Er weiß, dass er es nicht schaffen wird, als er die Wasserwand näher kommen sieht. Höher als die erste und höher als die zweite. Er weiß, was passieren wird, aber er irrt sich, denn er schafft es, aber was passiert, ist schlimmer. Das Wasser stürzt über ihn hinweg – er kann sich festhalten, aber sein Baby rutscht ihm aus dem Arm. Doch er kann es halten. Seine linke Hand hält den Arm des Babys.

Er hört die Schreie. Das Schreien des Babys. Seine Schreie. Aber er hält das Baby fest, und dann zieht er. Er schafft es, das weiß er jetzt, aber er irrt sich. Ein Baum fliegt heran, ein Stamm, von rechts. Der Baum schlägt auf seinen linken Arm, auf sein Handgelenk, Sylvanus spürt es krachen, und er hört das Splittern. Der Baum ist längst weiter und weg, als Sylvanus versteht, was geschehen ist. Dass er allein ist. Dass der Baum die Hand brach, die sein Kind hielt. Nein, er konnte seine Tochter nicht halten, wie sollte das gehen, mit gebrochenem Handgelenk.

Selbst wenn viele Menschen hinter jeder Naturkatastrophe einen bösen Dämon sehen – es liegt nichts Böses in einem Tsunami. Er entspringt nicht dem Racheakt eines erzürnten Gottes, sondern folgt ganz präzise und unausweichlich den Naturgesetzen. Durch das plötzliche Absinken des Meeresbodens bildete sich vor Sumatras Küste zunächst ein ausgedehntes Wellental. Das Wasser strömte von allen Stränden zurück ins Meer wie bei einer ungewöhnlich starken Ebbe. Etwa 400 Kilometer nordwestlich bäumte sich der Meeresboden nach oben auf. Weil sich Wasser nicht zusammenpressen lässt, pflanzte sich der Stoß unvermindert vom Boden bis zur Wasseroberfläche fort. Ein riesiger Wellenberg entstand. Auf diese Weise gerieten Billionen Tonnen von Wasser in Bewegung und versetzten die Meeresoberfläche in Schwingungen. Wir können heute die Entstehung und die Ausbreitung eines Tsunami simulieren und mit geeigneten Frühwarnsystemen auf einen bevorstehenden Tsunami aufmerksam machen – nur aufhalten lässt er sich nicht.

Naturkatastrophen wie das Seebeben im Indischen Ozean am 26. Dezember 2004 sind eine Folge der ständigen Veränderung unseres Planeten Erde. Sie haben keinen tieferen Sinn, lassen uns aber etwas Wichtiges erkennen: Weil sich der Ablauf von Naturkatastrophen mit einfachen Gesetzen der Physik beschreiben lässt, muss Kausalität – der Zusammenhang zwischen Ursache und Wirkung – ein essenzielles Prinzip im Universum sein. Das klingt nüchtern, aber offensichtlich vermag nichts dieses Prinzip aufzuheben, um viele Menschenleben zu retten – nicht einmal Gott! Warum sollte das bei menschlicher Gewalt anders sein? Wieso sollte Gott eingreifen, wenn jemand plötzlich Amok läuft?

Winnenden, 11. März 2009

09.30 Uhr: Im süddeutschen Winnenden dringt ein Amok-läufer in die Albertville-Realschule ein und erschießt während des Unterrichts acht Schülerinnen, einen Schüler und drei Lehrerinnen.

09.33 Uhr: Der Handy-Notruf eines Schülers aus der Realschule geht bei der Polizei ein.

09.35 Uhr: Eine Streife mit drei Beamten trifft am Tatort ein und verhindert dadurch ein noch größeres Blutbad. Der Täter schießt auf die Beamten und flüchtet. Auf der Flucht verletzt er neun weitere Personen zum Teil schwer.

09.40 Uhr: Einige Schülerinnen und Schüler klettern über Feuerleitern ins Freie oder springen aus den Fenstern.

09.43 Uhr: Zwei Polizeiteams dringen in das Schulgebäude ein und finden die zwölf Leichen.

09.45 Uhr: Eine Großfahndung mit Spürhunden und Hub-schraubern wird eingeleitet. Zu diesem Zeitpunkt sind schon etwa 1000 Beamte im Einsatz. Das Gelände der Realschule wird weiträumig unter Polizeischutz gestellt. Teile der Innenstadt von Winnenden werden abgesperrt.

Gegen 9.45 Uhr: Der Amokläufer erschießt auf dem Weg in die Innenstadt einen Mann, der im Zentrum für Psychiatrie gearbeitet hat. Danach kidnappt er auf einem Parkplatz einen

Autofahrer und zwingt ihn mit der Waffe zur Fahrt durch Stuttgart auf die Autobahn in Richtung Süden. Wegen eines Staus lässt der Täter das 40 Kilometer vom Tatort entfernte Wendlingen anfahren.

Kurz vor 12.00 Uhr: Der Fahrer bremst beim Autobahnkreuz Wendlingen an einer Kontrollstelle der Polizei und fährt auf eine Böschung zu, um sich aus dem rollenden Wagen zu retten. Dadurch alarmiert er die Beamten. Der Täter flüchtet zu Fuß in ein nahe gelegenes Industriegebiet.

12.05 Uhr: Vor einem Autohaus kommt es zum Schusswechsel mit der Polizei. Dort wird der Amokläufer am Bein verletzt, setzt sich auf den Boden und legt seine Waffe ab. Als ein Polizist den Täter festnehmen will, schießt er erneut und flüchtet in das Autohaus. Weil seine Forderung nach einem Wagen nicht erfüllt wird, erschießt er dort einen Verkäufer und einen Kunden.

12.15 Uhr: Durch den Hinterausgang des Autohauses flieht der Amokläufer auf ein Nachbargrundstück und schießt von dort auf einen Streifenwagen. Dabei werden zwei Beamte in Zivil schwer verletzt. Anschließend versteckt sich der Täter auf einem Parkplatz.

12.30 Uhr: Die Beamten finden den Amokläufer zwischen einer Hauswand und einem parkenden Fahrzeug tot auf dem Rücken liegend. Er hat sich selbst erschossen.

14.05 Uhr: Aus Sicherheitsgründen hatte die Polizei viele Schüler bis jetzt in der Schule bleiben lassen. Als diese nun das Gebäude verlassen dürfen, können sie endlich von ihren aufgelösten Eltern in die Arme genommen werden.

Ab 18.45 Uhr: Die getöteten Schüler und Lehrer werden aus der Schule getragen.

19.00 Uhr: Hunderte von anteilnehmenden Menschen erscheinen zur Trauerfeier in der Kirche St. Karl Borromäus. Ein riesiges Blumen- und Lichtermeer vor der Albertville-Realschule erinnert an die Opfer. Auf einem Transparent ist zu lesen: »Wo warst du, Gott?«

Abb. 4: Blumen- und Lichtermeer in Winnenden

Der Amokläufer hat sein kaltblütiges Verbrechen ohne jegliches Mitgefühl für seine Opfer begangen. Offensichtlich hatte er nicht die geringste Ahnung davon, wie kostbar ein Menschenleben ist und was es bedeutet, ein solches Leben für immer auszulöschen. Kein Außenstehender kann sich in das hineinversetzen, was die Hinterbliebenen durchgemacht haben. Unaussprechlich grausam muss es sein, wenn ein geliebter Mensch ohne jede Vorankündigung mitten aus dem Leben gerissen wird. Selbst der Bericht eines Angehörigen lässt uns das ganze Ausmaß einer solchen Katastrophe nur vage erahnen, kann jedoch aufrütteln und zu gesellschaftlichen Veränderungen führen. Deshalb folgt jetzt ein Auszug aus dem Buch *Die Kälte darf nicht siegen*[15] von Gisela Mayer. Ihre Tochter Nina war Referendarin an der Albertville-Realschule.

Der schwärzeste Tag meines Lebens begann strahlend schön. Ein Tag wie gemalt, leuchtend blauer Himmel, wolkenloser Sonnenschein. Als ich in die langgezogene Linkskurve unserer schmalen Anliegerstraße einbog und unser Haus vor mir sah, am Berghang über grünen Wiesen und neben einem kleinen Wäldchen, konnte ich die Schönheit des Tages fast körperlich spüren … Alles war gut in unserem Leben, wir waren glücklich. Wir, das war unsere Familie. Mein Mann, unsere beiden Töchter Nina und ihre jüngere Schwester Ibi … »Die Albertville-Realschule das ist doch Ninas Schule, oder?«

Martin, Ninas Freund, riss mich aus meinen Gedanken. Er hatte mich vor dem Lebensmittelgeschäft angesprochen, bei dem ich inzwischen angekommen war. »Ja, warum?« »Hast du nichts gehört? Da soll es einen Amoklauf gegeben haben, der Täter ist auf der Flucht!« …

Auf dem Weg [zu Ninas Schule] holte ich Ibi von der Schule ab. Sie war, wie alle Schüler der umliegenden Schulen, über den Amoklauf informiert worden und wusste auch, dass es sich um die Schule ihrer Schwester handelte. »Nichts wie hin, wir müssen Nan helfen«, meinte sie, während wir im Radio den spärlichen Informationen lauschten …

Schon auf dem Weg nach Winnenden herrschte Chaos. Wir standen im Stau, wurden umgeleitet und mussten uns an zahllosen Polizeisperren erklären. Nach einer Ewigkeit wurden wir endlich zu einer Halle vorgelassen, die der Schule genau gegenüberlag. Hier war das Informationszentrum eingerichtet worden, der Mittelpunkt des Chaos. Die Schule war umstellt von Fahrzeugen aller Art, keineswegs nur Polizei und Rotes Kreuz waren vor Ort. Zahlreiche Kleinbusse mit den Logos aller bekannten Fernseh- und Rundfunkanstalten belagerten die Parkplätze. Nahezu jeder der wild durcheinanderlaufenden Menschen hatte entweder ein Mikrofon in der Hand oder vor dem Mund. Alle redeten, alle hatten offenbar etwas zu sagen oder zu erklären. Als wir die Halle betraten, bot sich uns dasselbe Bild – nur ohne Mikrofone und Autos. Hier waren die Hilfskräfte versammelt. Sanitäter, Seelsorger, Tee- und Kaffeekocher – und Auskunftspersonen vom Roten Kreuz. An einen dieser Herren wandten wir uns: »Wo kann ich meine Tochter Nina Mayer finden? Sie ist Lehrerin an der Schule.« …

Doch der freundliche Herr meinte nur: »Einen Augenblick, ich muss erst nachsehen«, dann verschwand er in den hinteren Teil der Halle. Nach etwa zehn Minuten kehrte er in Begleitung eines zweiten Herrn zurück. Besorgte Mienen. Man teilte uns mit, es »sehe wohl schlecht aus, aber man wisse es nicht genau, man müsse alles noch einmal überprüfen«. Wir sollten ein wenig Geduld haben.

Geduld hatten wir – und plötzlich Angst. Was sollte das alles bedeuten? … Die Zeit verging, oder besser, sie verging nicht. Unendlich lang dehnten sich die Sekunden und Minuten. In Wirklichkeit warteten wir wohl eine halbe Stunde … Als der Rot-Kreuz-Mitarbeiter endlich zurückkam, war er nicht al-

lein. Drei Männer mit besorgten Minen standen nun vor uns.
»Es sieht schlecht aus. Sogar sehr schlecht.« »Wieso? Was ist
mit meiner Tochter?« Noch immer kein Gedanke an den Tod.
Nicht bei mir. Aber Ibi hatte verstanden. »Mama, begreifst
du denn nicht, was die uns hier sagen wollen? Nan ist tot!«
Stille. Kein einziges Wort mehr. Nur noch leere Gesichter, al-
les ganz weit weg …

Wir setzten uns, betäubt, schweigend, die Tragweite dieser
Nachricht hatten wir beide noch nicht begriffen. »Da ist
Martin!« Ibi sprang auf. Er hatte sich nach einer endlosen
Odyssee durch Polizeisperren bis zu uns durchgeschlagen.
Wortlos, versteinert kam er auf uns zu. Dann brach er zu-
sammen.

Es soll tatsächlich Journalisten gegeben haben, die Kindern
und Jugendlichen nach dem Amoklauf bis zu hundert Euro
geboten haben, damit sie vor laufender Kamera ihre Trauer
inszenieren.[16] Sensationslust und Kommerz scheinen keine
Grenzen zu kennen. Wie krank ist unsere Gesellschaft, dass
so etwas möglich ist? In die gleiche Kategorie gehören Pro-
duzenten von Killerspielen. Es ist verantwortungslos, solche
Spiele zu vermarkten, wenn auch nur ein Mensch nicht mit
verharmloster Gewalt umgehen kann! Es stimmt mich trau-
rig, dass der Profit aus Killerspielen mehr zählt als ein Menschenleben, dass den Spieleproduzenten nur per Gesetz ihr
krank machendes Handwerk zu legen ist und dass die Politiker zu feige sind, diese Gesetze endlich zu beschließen. Es
darf nicht jedes Produkt für den Verkauf zugelassen werden,
nur weil es technisch realisierbar ist. Das gilt auch für Atomkraftwerke, wenn sie die Existenz eines ganzen Volkes wie
Japan bedrohen.

Japan, 11. März 2011

14.46 Uhr (Ortszeit Japan): Nur etwa 80 Kilometer vor der japanischen Ostküste ereignet sich ein Seebeben mit der Stärke 9,0. Der Meeresboden hebt sich auf einer Fläche von rund 500 mal 100 Quadratkilometern an und löst einen Tsunami aus. Japans Hauptinsel Honshu verschiebt sich schlagartig um ungefähr drei Meter gegenüber dem Festland. Für Japan ist es das stärkste Beben seit 1200 Jahren.[17]

15.26 Uhr: Die erste Flutwelle mit einer Höhe von vier Metern trifft auf die japanische Pazifikküste.

15.50 Uhr: Die Nahverkehrszüge und die U-Bahn in Tokio stellen den Betrieb ein. Für vier Millionen Haushalte bricht die Stromversorgung zusammen.

16.11 Uhr: Eine zehn Meter hohe Welle flutet den Hafen der Stadt Sendai im Nordosten von Japan. Sie schiebt Schiffe und Autos wie Spielzeuge vor sich her. Viele Einwohner haben keine Chance, sich zu retten.

16.20 Uhr: Der Flughafen von Sendai wird binnen weniger Minuten komplett überschwemmt.

16.47 Uhr: Für fast die gesamte Pazifik-Region wird eine Tsunami-Warnung ausgegeben.

18.57 Uhr: Bis jetzt sind bereits 23 größere Nachbeben in Japan registriert worden.

20.25 Uhr: Der japanische Premierminister Naoto Kan ruft Atomalarm aus. Es sei noch keine erhöhte Radioaktivität in der Nähe der Atomkraftwerke gemessen worden, aber viele Notkühlsysteme laufen nur noch im Batteriebetrieb. An der Pazifikküste werden mehr als 10 000 Menschen vermisst.

22.41 Uhr: An den Küsten von Hawaii treffen zwei Meter hohe Flutwellen ein.

22.57 Uhr: In einer Erdölraffinerie bei Sendai bricht nach einer heftigen Explosion Feuer aus.

12. März 2011, 03.43 Uhr: Der Druck in einem Reaktor des Atomkraftwerks Fukushima steigt deutlich an.

06.48 Uhr: Die japanische Nachrichtenagentur Kyodo gibt die Eilmeldung heraus, dass die Radioaktivität in der Umgebung von Fukushima steige. Im Atomkraftwerk selbst sei ein tausendfach erhöhter Wert gemessen worden.

07.48 Uhr: Das Gebiet um das Atomkraftwerk Fukushima wird im Umkreis von zehn Kilometern evakuiert.

09.04 Uhr: Mit einem Hubschrauber fliegt der japanische Premierminister nach Fukushima, um sich einen Überblick über die Lage zu verschaffen.

13.00 Uhr: Zehntausende Soldaten werden in die Katastrophengebiete geschickt, um Überlebende zu retten.

19.13 Uhr: Die Evakuierungszone um das Atomkraftwerk Fukushima wird auf 20 Kilometer ausgeweitet. Bei klirrender Kälte sind mehr als 500 000 Menschen obdachlos.

Viele Wochen lang hält die ganze Welt den Atem an. Lässt sich der Super-GAU in Japan verhindern oder nicht?

Abb. 5: Kühlung der Atomreaktoren in Fukushima

Es ist noch zu früh, das gesamte Ausmaß dieser Katastrophe zu überblicken. Zu unübersichtlich ist die Lage, zu spärlich sind die Informationen. Sicher ist, dass auch in Japan kein Dämon am Werk war, sondern die Natur. Doch anders als beim Tsunami im Indischen Ozean treffen hier Naturgewalt und menschliches Versagen zusammen – mit dem fatalen Ergebnis, dass große Regionen über Jahrzehnte radioaktiv verseucht und unbewohnbar sein werden. Die in Fukushima freigesetzte Radioaktivität ist eine langfristige Bedrohung, deren Spätfolgen überhaupt nicht abschätzbar sind. Radioaktives Cäsium hat eine Halbwertszeit von 30 Jahren,[18] das heißt, von 1000 Cäsium-Atomen sind selbst nach 30 Jahren immer noch 500 Atome aktiv. Plutonium, das vom Reaktor Nr. 3 in Fukushima freigesetzt wurde, hat sogar eine Halbwertszeit von 24 000 Jahren![19] Viele Leute fragen sich, wie es dazu kommen konnte, dass wir uns solcher Stoffe bedienen, deren Freisetzung mehr als tausend Generationen von Menschen schaden wird. Wir dürfen unsere Existenz nicht von einer Technologie abhängig machen, die durch äußere Gewalt völlig unkontrollierbar werden kann. Im Nachhinein ist das natürlich leicht gesagt. Aber dieser Hinweis muss erlaubt sein, weil wir Menschen auch nach den Katastrophen von Tschernobyl und der jüngsten Ölpest im Golf von Mexiko offensichtlich gar nichts gelernt haben. Nach wie vor setzen wir auf Energiequellen, die wir in Extremfällen technisch nicht beherrschen können. Genau hier muss ein Umdenken stattfinden: *Wir dürfen nicht immer mehr Strom erzeugen und Öl fördern, weil der Bedarf so groß ist, sondern wir dürfen nur so viel Energie verbrauchen, wie wir gefahrlos erzeugen können.* Weil unser Lebensraum begrenzt ist, gibt es keinen anderen Weg. Weniger ist am Ende mehr!

Japan wird nicht die letzte Katastrophe sein. Wer eins und eins zusammenzählen kann, wird zugeben müssen, dass die seismische Aktivität der Erde in jüngster Zeit zugenommen hat. Die Seebeben im Indischen Ozean und Japan und auch das schwere Erdbeben in Haiti geschehen nicht unabhängig voneinander, weil sich in allen Fällen die Platten derselben Erde gegeneinander verschieben. Die Erde ist ein Ganzes! Sind wir vorbereitet, wenn Mittelamerika mit der Metropole Mexico City und die Westküste der USA wieder zu beben anfangen? Auch in Kalifornien stehen zwei Atomkraftwerke mitten im Erdbebengebiet.[20]

Wo warst du, Gott?

Die folgenden Kerzen stehen für etwa 2800 Opfer in New York, ungefähr 230 000 Opfer im Indischen Ozean, genau 15 Opfer in Winnenden und eine noch unbekannte Zahl von Opfern in Japan. Für den Umgang mit Trauer und Schmerz gibt es kein Patentrezept, aber weise Sprichworte: *Geteiltes Leid ist halbes Leid.* Und: *Gemeinsam sind wir stark.* So tief die Trauer der Hinterbliebenen sein mag – gemeinsam lässt sie sich leichter ertragen. Wichtig ist, nicht zu resignieren. Das eigene Leben geht weiter und hat selbst ohne die Verstorbenen noch einen Sinn, wie wir bald sehen werden.

† 11.09.2001   † 26.12.2004   † 11.03.2009   † 11.03.2011

Vielen von uns sind diese vier Schreckenstage noch in guter Erinnerung. Obwohl jede Tragödie einen anderen Verlauf nahm, haben sich gläubige Menschen hinterher oft dasselbe gefragt: Was hat sich der liebe Gott nur dabei gedacht? Wo warst du, Gott? Solche Fragen stellen vor allem die christliche Kirche vor eine große Herausforderung, weil die Liebe Gottes nur sehr schwer oder gar nicht mit dem Hass eines Terroristen oder Amokläufers vereinbar ist. Dahinter steckt die sogenannte »Theodizee-Frage«, die sich von den beiden griechischen Worten *theos* (auf Deutsch: Gott) und *dike* (auf Deutsch: Gerechtigkeit) ableitet. Gemeint ist die Rechtfertigung Gottes in Anbetracht dessen, dass es in der Welt neben dem Guten auch das Böse gibt. Den Begriff »Theodizee« hat der Philosoph Gottfried Wilhelm Leibniz geprägt. Er argumentierte, dass sich Gott durch die Übel in unserer Welt nicht in Frage stellen lasse, weil sie immer noch die beste aller möglichen Welten sei.[21] Eine noch prägnantere und oft zitierte Formulierung des Problems lautet:

Entweder will Gott die Übel beseitigen und kann es nicht.
Dann ist Gott schwach, was auf ihn nicht zutrifft.

Oder er kann es und will es nicht.
Dann ist Gott missgünstig, was ihm fremd ist.

Oder er will es nicht und kann es nicht.
Dann ist er schwach und missgünstig zugleich, also nicht Gott.

Oder er will es und kann es, was allein sich für Gott ziemt.
Aber woher kommen dann die Übel,
und warum nimmt er sie nicht hinweg?

Auf diese Weise entsteht ein scheinbarer Widerspruch zwischen der Existenz Gottes und der Existenz des Bösen, weil ein starker und wohlgesonnener Gott alle Übel aus der Welt hätte entfernen müssen. In der Literatur wird diese Argumentation dem Philosophen Epikur zugeschrieben, doch sie stammt vermutlich von Arkesilaos oder Karneades.[22]

Wer nicht an Gott glaubt, nutzt oft die Theodizee-Frage, um die eigene Ungläubigkeit zu rechtfertigen: Weil es das Böse in der Welt gibt, kann Gott nicht existieren. Vielleicht fühlt er sich sogar in seinem Weltbild bestätigt, sobald sich der nächste Selbstmordattentäter in die Luft sprengt und dabei viele unschuldige Menschen mit in den Tod reißt. Doch sein Gefühl kann trügerisch sein, weil Gott nicht unbedingt derjenige sein muss, der uns vor einem frühen Tod zu schützen hat. Wie ich noch erläutern werde, gibt es wesentlich höhere Werte als ein langes Leben.

Wer an Gott glaubt, hat es ungleich schwerer. Im Grunde bleiben ihm drei Möglichkeiten: Entweder kann er seinen Gottesbegriff mit der Existenz des Bösen vereinbaren, oder er revidiert seinen Gottesbegriff, oder er verabschiedet sich von Gott. Geprägt durch meine Eltern habe ich selbst lange an den »lieben Gott« geglaubt. Später wurde mir bewusst, dass ich diesen Gott niemals mit dem Bösen würde vereinbaren können. Trotzdem wandte ich mich nicht von Gott ab. Warum nicht? Was hat meinen Glauben an Gott gefestigt, und wie stehe ich heute zur Theodizee-Frage?

Um es gleich vorwegzunehmen – es war das Studium der Physik! Die intensive Beschäftigung mit den Naturgesetzen hat mir meinen Glauben an Gott nicht genommen, sondern ihn bestärkt. Immer wieder suchte ich nach wiederkehrenden Mustern und wurde schnell fündig, denn verschiedene Phänomene lassen sich oft mit denselben mathematischen Formeln beschreiben. Hier sind nur einige Beispiele: 1) Ein elektrischer Strom folgt der gleichen Gesetzmäßigkeit wie ein Wärmestrom. 2) Die rötlichere Farbe einer sich entfernenden Galaxie entspricht physikalisch dem tieferen Ton einer sich entfernenden Feuerwehrsirene. 3) Raum und Zeit sind derart symmetrisch, dass Albert Einstein sie zur sogenannten »Raumzeit« vermählte. Die Muster sind aber nicht auf physikalische Theorien beschränkt. Schneekristalle, Insektenaugen und Bienenwaben haben dieselbe sechszählige Symmetrie (siehe Abbildung 6). Farne, Schneckenhäuser und Spiralgalaxien weisen die Form einer Spirale auf (siehe Abbildung 7). Alle solche Strukturen und Formen beruhen auf regelnden Naturgesetzen. So viel Ordnung lässt sich mit Zufall allein nicht erklären, sondern verlangt geradezu nach einer übergeordneten Vernunft – nach einem Gott.

Abb. 6: Schneekristall, Insektenauge und Bienenwabe

Abb. 7: Farn, Schneckenhaus und Spiralgalaxie

Ehrfurcht erfasst die meisten Naturwissenschaftler angesichts der logischen Eleganz und vollendeten Schönheit von Mutter Natur. Kein anderer hat diese Ergriffenheit besser in Worte gekleidet als der Quantenphysiker Werner Heisenberg: »Der erste Trunk aus dem Becher der Naturwissenschaften macht atheistisch, aber auf dem Grund des Bechers wartet Gott.«[23] Goooooong! Und schon ist sie hergestellt – die Verknüpfung von Naturwissenschaft und Religion. Ein Physik-Nobelpreisträger trifft auf Gott und teilt es der breiten Öffentlichkeit mit. Heisenberg steht mit seinem Glauben nicht allein. Ich schätze, dass etwa die Hälfte aller Physiker gottesgläubig ist. Auch ich bekenne mich zu Gott:

> *Ob ich das Wunderbare bestaune,*
> *die Perfektion eines Schneekristalls,*
> *oder das Erstaunliche bewundere,*
> *die Harmonie einer Spiralgalaxie,*
>
> *ob ich das Unbegreifliche erfasse,*
> *die Vollendung des Lebens im Tod,*
> *oder das Unfassbare begreife,*
> *die Schöpfung von neuem Leben,*
>
> *ob ich das Unbekannte erforsche,*
> *Regeln und Zufälle in der Natur,*
> *oder das Unerforschliche erkenne,*
> *warum etwas so ist, wie es ist,*
>
> *nirgendwo treffe ich Gott in Person,*
> *doch stets auf Ordnung und Vernunft.*

Als Physiker möchte ich den Dialog zwischen Naturwissenschaft und Religion beleben, aber was können wir Physiker zum Thema Gott beitragen? Für meine Antwort muss ich ein wenig Selbstreflexion betreiben. Physiker mischen heute überall im gesellschaftlichen Leben mit. Wir sind nicht nur in Forschung und Entwicklung anzutreffen, sondern immer öfter auch in Wirtschaft und Politik. Computer und Fernseher sind ohne die Physik ebenso undenkbar wie die Mondlandung oder die Erschließung alternativer Energiequellen. Physiker haben es häufig mit sehr komplexen Problemen zu tun, die sich nur rational lösen lassen. Deswegen neigen wir dazu, uns viele Gedanken darüber zu machen, wie eines mit dem anderen zusammenhängt. Vernunft allein bringt uns in Glaubensfragen nicht weiter, aber sie kann uns dabei helfen, das Unglaubwürdige vom Glaubwürdigen zu trennen.

Damit kommen wir zurück auf die Theodizee-Frage. Wenn ich die Frage »Wo warst du, Gott?« rational angehe, stelle ich schon am Wort »du« fest, dass sie einen personalen Gott voraussetzt. Genau da liegt die Wurzel des Problems: Wenn Gott eine liebe Person – ein Freund – ist, dann kann er doch nicht zugleich das Böse zulassen. Dasselbe Argument greift immer noch, wenn ich die Frage ohne das »du« formuliere: »Wo war Gott?« Nur ein personaler Gott kann sich irgendwo befinden. Ein abstrakter Gott, wie die Ordnung oder die Vernunft, ist an keinem bestimmten Ort!

Die Frage »Wie kann Gott das Böse zulassen?« unterstellt, dass Gott wie eine handelnde Person eingreifen kann. Somit ist auch die Argumentation von Seite 42 auf einen personalen Gott zugeschnitten. Personen lassen sich als »schwach«, »missgünstig« oder »was sich für ihn ziemt« charakterisieren, doch ziemt sich auch etwas für einen abstrakten Gott? Gewiss nicht. Also stellt sich die Theodizee-Frage nur dann, wenn ich an einen personalen Gott glaube. Sobald ich mir Gott abstrakt vorstelle, kann ich *es* (nicht ihn!) durchaus mit der Existenz des Bösen vereinbaren: Gott muss keine übernatürlichen Wunder vollbringen, um das Böse abzuwenden. Gott *ist* das Wunder »Natur« mit allem Drum und Dran.

Ziel 2

Das Unbekannte erforschen

Nach einem Vortrag hat mich ein Zuhörer gefragt,
ob wir nur Spielfiguren in Gottes Schöpfung seien.

Ich antwortete:
»Gott spielt nicht mit uns, sondern durch uns.«

Die wichtigste Botschaft der Evolutionstheorie

In den folgenden Kapiteln begleite ich Sie auf einer außergewöhnlichen Leserreise, die Sie in keinem Reisebüro buchen können! Ich möchte Sie an das Lebenswerk von drei ganz großen Wissenschaftlern heranführen: Charles Darwin, Albert Einstein und Werner Heisenberg. Jeder von ihnen hat eine bedeutende Theorie entwickelt, die das bis dahin geltende Verständnis dieser Welt völlig auf den Kopf gestellt hat. Am Anfang des 19. Jahrhunderts war es noch gängige Lehrmeinung, dass der Mensch die Krone der Schöpfung sei und nichts mit den Tieren gemein habe, dass Raum und Zeit zwei universell gültige Strukturen seien und dass wir Vorgänge in der Natur beliebig genau bestimmen könnten. Heute wissen wir aufgrund der Evolutionstheorie, der Relativitätstheorie und der Quantentheorie, dass dem nicht so ist. Jede dieser drei Theorien ermöglicht uns einen Riesenschritt in Richtung eines zeitgemäßen Weltbildes, das auch einem kritischen Hinterfragen standhält – ein Qualitätsmerkmal, für das frühere Wissenschaftler mitunter auf dem Scheiterhaufen endeten. Allein deshalb halte ich diese Theorien für die bislang größten Errungenschaften der Menschheit.

Die Evolutionstheorie ist untrennbar mit einer Schiffsreise verknüpft: An Bord der *HMS Beagle* stach im Jahr 1831 der junge Theologe Charles Darwin in See. Zunächst hatte er noch fest geglaubt, dass Gott jede Art unter den Lebewesen individuell erschaffen habe. Doch nach fünf Jahren auf dem Meer und auf fremden Kontinenten bekam er durch seine Naturbeobachtungen ein anderes Bild. Er entdeckte Meeresfossilien auf 4000 Meter hohen Berggipfeln in Südamerika, fand Verwandtschaften unter isoliert lebenden Schildkröten auf den Galapagosinseln und sammelte die inzwischen so berühmten *Darwin-Finken* (siehe Abbildung 8). Er begriff, dass ihre unterschiedlich geformten Schnäbel mit verschiedenen Ernährungsweisen zusammenhingen. Daraus folgerte er, dass sich die Arten an ihre Umgebung anpassen können, dass also nicht jede Art für sich erschaffen worden ist.

Abb. 8: Charles Darwin und seine Finken

Erst im Jahr 1859 veröffentlichte Darwin sein Lebenswerk *On the Origin of Species* (auf Deutsch: Die Entstehung der Arten).[24] Darin stellte er die fortschrittliche These auf, dass sich die biologischen Arten allmählich durch den Vorgang der natürlichen Selektion entwickeln. Um seine Behauptung zu untermauern, legte Darwin detaillierte wissenschaftliche Belege vor, die er während seiner Weltreise und nach seiner Rückkehr gesammelt hatte. Auf diese Weise widerlegte er die damals noch geltende Theorie der Schöpfungsbiologie, nach der die unterschiedlichen Arten individuell und unveränderlich von Gott erschaffen worden seien. Dies war die Geburtsstunde der Evolutionstheorie.

Nirgendwo in seiner Theorie äußert sich Charles Darwin zu einer besonderen Rolle des Menschen während der Evolution. Folglich ist jedem sofort klar, der sein Werk liest, dass selbst der Mensch vom Tier abstammt und deswegen keine Sonderanfertigung Gottes gewesen sein kann. Damals war das natürlich ein unerhörter Affront gegen die Überzeugung der Kirche, dass der Mensch die Krone der Schöpfung sei und Gott ihn erschaffen habe, um über die anderen, »niederen« Kreaturen zu herrschen. Inzwischen wurde die gemeinsame Abstammung von Mensch und Menschenaffe mit der Molekulargenetik eindeutig nachgewiesen: 99 Prozent der Erbanlagen von Mensch und Schimpanse sind identisch.[25] Bemerkenswert ist auch, dass die Gene des Menschen mit dem gleichen Code verschlüsselt sind wie fast alle anderen Lebewesen. Dennoch gibt es immer noch Randgruppen wie die *Kreationisten,* die das Alte Testament wörtlich nehmen und glauben, dass Gott jede Art für sich erschaffen habe.[26] Anhänger des *Intelligent Design,* einer pseudowissenschaftlichen Variante des Kreationismus, halten viele Lebewesen für zu komplex, als dass sie durch natürliche Auslese hätten entstehen können. Der dramatische Anstieg der Artenvielfalt vor rund 540 Millionen Jahren sei nur mit dem Eingriff eines intelligenten Designers zu erklären.[27]

Tatsächlich zeichnet sich das Leben auf der Erde durch eine äußerst große Artenvielfalt aus. Wie konnte sie entstehen? Grundsätzlich gibt es neben der Evolutionstheorie und Intelligent Design auch noch eine dritte Antwort. 1) Die Vielfalt des Lebens ist rein zufällig aus natürlicher Auslese entstanden. In diesem Fall bedarf es weder eines planenden Gottes noch eines intelligenten Designers. Gegen die erste Antwort spricht, dass das geschätzte Alter des irdischen Lebens von vier Milliarden Jahren kaum ausreicht, um bestimmte Gene aus sehr vielen Kombinationen entstehen zu lassen. 2) Die Vielfalt des Lebens beruht ausschließlich auf Regeln und war somit komplett vorherbestimmt. In diesem Fall hat ein planender Gott oder intelligenter Designer die Regeln derart aufgestellt, dass die Vielfalt des Lebens entstehen musste. Gegen die zweite Antwort spricht, dass Gott sich die Schöpfung hätte sparen können, wenn alles schon von Anfang an feststeht. 3) Die Vielfalt des Lebens basiert auf Regeln *und* auf Zufällen. In diesem Fall ließen ausgewogene Naturgesetze in kurzer Zeit komplexe Lebewesen entstehen. Welche Arten sich durchsetzten, hat sich durch eine natürliche und zufällige Auslese entschieden. Gegen diese Antwort spricht meines Erachtens nichts. Umso mehr spricht für die dritte Antwort: Sie erklärt nicht nur die Vielfalt des Lebens, sondern zugleich die Existenz von Leben auf der Erde. Dass die Bedingungen auf der Erde lebenstauglich sind, war Zufall. Die Erde hat zufällig den richtigen Abstand zur Sonne und folglich die richtige Temperatur, verfügt zufällig über ausreichend Wasser und stellt zufällig alle zum Leben notwendigen chemischen Elemente bereit. Dass sich unter solchen Bedingungen Leben auf der Erde entwickelt hat, war aber kein Zufall, sondern die Konsequenz bestens durchdachter Naturgesetze. Hier ist jemand oder etwas am Werk gewesen und hat diese lebensstiftenden Naturgesetze aufgestellt.

Demnach hat unser Leben sowohl zufällige als auch vorherbestimmte Anteile. Zufälle und Regeln – woher ist uns diese Kombination bekannt? Genau: vom Spiel! Das ganze Leben ist ein Spiel. Das ist nicht bloß die Losung mancher Lottogesellschaften, sondern womöglich die beste Beschreibung unseres Daseins. Jedes Lebewesen ist Regeln und Zufällen unterworfen. Beispiele für Regeln sind Naturgesetze wie die *Mendelschen Regeln*[28] der Vererbung oder die *Newtonschen*

Gesetze[29] der Mechanik. Zufallsereignisse sind sprunghafte, unkalkulierbare Veränderungen. Beispiele dafür sind genetische Mutationen und radioaktiver Zerfall. Zufälle können auch etwas Positives bewirken: Dass Sie auf der Welt sind, ist der zufälligen Begegnung Ihrer Eltern zu verdanken!

> *Die wichtigste Botschaft der Evolutionstheorie:*
> *Das Leben ist ein Spiel mit Regeln und Zufällen.*

Ich werte das Leben nicht ab, wenn ich es als »Spiel« bezeichne. Es ist nämlich kein Monopoly-Spiel um flüchtige Werte wie Geld und Eigentum, bei dem sich jeder selbst der Nächste ist, sondern ein tiefsinniges Spiel um ewige Werte wie die Liebe und das Wissen, bei dem die Gemeinschaftsleistung zählt. Bereits mit unserer Geburt steht fest, dass wir mitspielen, ob uns das passt oder nicht. Wir können keine Regeln verändern, jedoch für andere den Zufall spielen.

Es ist also nicht die zufällige Auslese allein, die zur Artenvielfalt führt, sondern auch ein Satz von Regeln. *Eine* Regel ist elementar und macht sogar Spaß: Wer sich fortpflanzen und so die Evolution voranbringen will (siehe Abbildung 9), benötigt bei den komplexeren Arten einen Partner. Darum interpretiere ich Evolution etwas anders als Darwin. Erstens gewinnt nicht immer der Stärkere, obwohl es auf den ersten Blick so scheint. Indem sich die Schwächeren gegenseitig helfen, können sie sich durchaus einen Vorteil verschaffen. Zweitens bewertet Evolution die Gemeinschaft höher als ein Individuum. Wer gefressen wird, trägt zum Überleben einer anderen Art bei. Alle Lebewesen brauchen sich gegenseitig, *um ein Gesamtkunstwerk entstehen zu lassen* – so, wie ein Gedicht auf jeden seiner Buchstaben angewiesen ist. Daraus lässt sich eine brisante Schlussfolgerung ziehen: Im Leben spielt Individualität eine wichtige Rolle, aber letztendlich ist sie ein Mittel zum Zweck. Jeder wird gebraucht, damit die Evolution fortschreiten kann. Wir sind also mitnichten zur Selbstverwirklichung hier, sondern um etwas viel Wertvolleres zu erschaffen. Bitte behalten Sie diesen Gedanken im Hinterkopf, bis ich ihn an geeigneter Stelle vertiefen werde.

Abb. 9: Evolution als Wechselspiel von Regel und Zufall

Charles Darwin revolutionierte nicht nur die Erforschung der Natur, sondern er versetzte auch den Religionen einen schweren Schlag: Sollte die natürliche Auslese an die Stelle der göttlichen Schöpferkraft treten, so war die Befürchtung von Kirchenvertretern, könnte sie Gott überflüssig machen. Inzwischen setzt sich auch unter Theologen immer mehr die Meinung durch, dass selbst die Evolution ein Werk Gottes sein könnte.[30] Neue Sichtweisen fallen nicht vom Himmel, sondern brauchen Zeit. Nach Darwins sensationeller Enthüllung, dass Menschen und Tiere miteinander verwandt sind, dauerte es fast ein halbes Jahrhundert, bis noch ein weiteres Vorurteil fiel – die Absolutheit von Raum und Zeit.

Die wichtigste Botschaft der Relativitätstheorie

Viele Menschen haben großen Respekt vor Albert Einstein und seiner Relativitätstheorie. Gehören Sie auch dazu? Sind Sie der Meinung, dass diese Theorie viel zu kompliziert für Sie sei? Zugegeben, was Einstein in den beiden Jahren 1905 und 1915 veröffentlicht hatte, ist ein mathematisches Formelwerk.[31] Das hat auch seinen Grund, weil die Mathematik nun einmal die formale Sprache der exakten Wissenschaften ist. Leider ist sie vielen Menschen zu abstrakt, so dass sie nicht in den Genuss einer hochspannenden *Verwechslungskomödie* kommen. Genau das bietet die Relativitätstheorie – eine Art Schauspiel, in dem es um Illusion und Wirklichkeit geht. Einsteins Theorie ist der zweite große Schritt, mit dem wir eine Welt voller Scheinwahrheiten verlassen. Damit Sie dem Schritt leicht folgen können, werde ich zeigen, wie sich die wichtigste Botschaft der Relativitätstheorie ohne mathematische Formeln ausdrücken lässt. Bitte befreien Sie sich hierzu von der Annahme, dass Ihre Vorstellung von Raum und Zeit auf jede andere Person übertragbar sei. In der Relativitätstheorie hängen Raum und Zeit nämlich entscheidend von der Perspektive eines Beobachters ab. Sobald Sie Ihre Perspektive mit der Perspektive eines anderen Beobachters verwechseln, können äußerst kuriose Paradoxa entstehen – und die Verwechslungskomödie nimmt ihren Lauf!

Bis zur Publikation der Relativitätstheorie galten Raum und Zeit als zwei absolute Strukturen. Absolut heißt, dass ein Objekt für zwei verschiedene Beobachter stets gleich lang ist und dass ein Vorgang für zwei verschiedene Beobachter stets gleich lang dauert. Seit Einstein wissen wir, dass das *nicht* mehr gilt, wenn sich die beiden Beobachter mit sehr hoher Geschwindigkeit relativ zueinander bewegen. Angenommen, Beobachter Einstein fliegt mit einem Raumschiff von der Erde zum Mond (wie in Abbildung 10). Beobachter Zweistein schaut sich diesen Flug von der Erde aus an. Für ihn beträgt die räumliche Distanz zwischen Erde und Mond ungefähr 300 000 Kilometer.[32] Wenn Einsteins Raumschiff mit 99,995 Prozent der Lichtgeschwindigkeit unterwegs ist, dauert dieser Flug aus Zweisteins Perspektive ungefähr eine Sekunde. Aus Einsteins Perspektive ist er selbst *in Ruhe,* aber Erde und Mond fliegen mit 99,995 Prozent der Lichtgeschwindigkeit. Nach der Relativitätstheorie schrumpft die räumliche Distanz zwischen Erde und Mond für Einstein auf 3000 Kilometer. Weil die Lichtgeschwindigkeit stets denselben Wert hat – per Definition exakt 299 792,458 km/s (Kilometer pro Sekunde) –, verkürzt sich die Flugdauer für Einstein auf eine Hundertstel Sekunde.

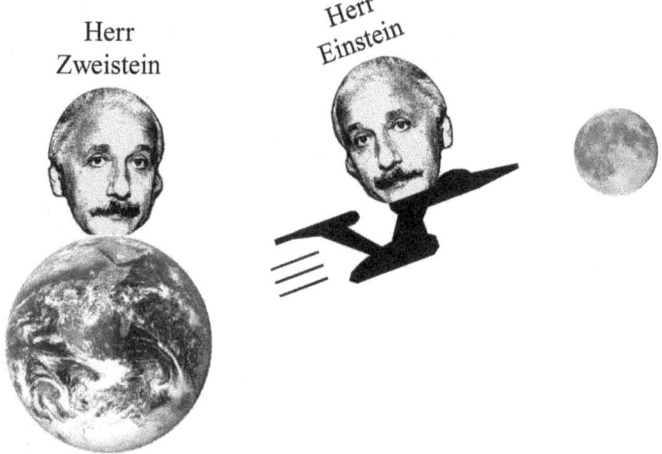

Abb. 10: Herr Einstein fliegt von der Erde zum Mond

Beobachter:	Herr Zweistein	Herr Einstein
Perspektive:	von der Erde	vom Raumschiff
Erde – Mond:	≈ 300 000 Kilometer	≈ 3000 Kilometer
Flugdauer:	≈ 1 Sekunde	≈ 0,01 Sekunde

Einstein und Zweistein haben unterschiedliche Vorstellungen von Raum und Zeit, auch wenn es uns schwerfällt, das zu akzeptieren. Einsteins Behauptung, dass Raum und Zeit nur relativ seien, haben bis heute alle Experimente bestätigt. *Bewegte Längen sind kürzer. Bewegte Uhren laufen langsamer.* Somit gibt es weder den absoluten Raum noch die absolute Zeit. Real sind lediglich räumliche und zeitliche Distanzen, die allerdings je nach Perspektive verschiedene Werte annehmen können.

Die wichtigste Botschaft der Relativitätstheorie:
Absoluter Raum und absolute Zeit sind zwei Illusionen.

Diese Botschaft hat weit reichende Konsequenzen in Bezug auf das Universum, in dem wir leben. Insbesondere ergibt sich daraus, dass sich seine Ausdehnung und sein Alter gar nicht absolut bestimmen lassen. Bevor wir diesen unerwarteten Gedanken vertiefen, wollen wir erst noch am eigenen Körper spüren, wie hartnäckig Illusionen sein können. Dazu überkreuzen Sie bitte den Zeigefinger und den Mittelfinger Ihrer rechten Hand (wie in Abbildung 11), und berühren Sie mit beiden Fingerkuppen gleichzeitig Ihre Nase! Wie viele Nasen fühlen Sie jetzt? Eine Nase oder zwei Nasen? Bitte wiederholen Sie das Experiment vor dem Spiegel, falls Sie sich nicht sicher sind! Erst im Experiment erkennen wir die Tücken einer Illusion. Sie ist perfekt, wenn Sie wie fast alle Testpersonen zwei Nasen fühlen, obwohl Sie doch wissen, dass Sie nur eine Nase haben. Wie ist das möglich?

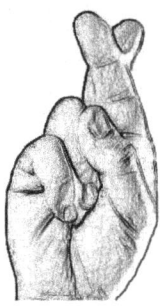

Abb. 11: Überkreuzen von Zeigefinger und Mittelfinger

Die Ursache für diese Sinnestäuschung ist das Überkreuzen der beiden Finger. Ihr Gehirn glaubt, dass Ihr rechter Mittelfinger einen Gegenstand stets weiter rechts ertastet als Ihr rechter Zeigefinger. Durch das Überkreuzen überlisten Sie Ihr Gehirn, und es meldet Ihnen folgerichtig zwei Nasen! Was lernen wir aus einem solchen Experiment? Es beseitigt zwar nicht unsere illusionären Vorstellungen von Raum und Zeit, aber es verdeutlicht sehr schön, wie trügerisch Illusionen sein können. In Bezug auf Raum und Zeit verfügen wir über keine vergleichbaren Sinnesorgane. Darum sollten wir mit unseren Aussagen über Raum und Zeit umso vorsichtiger sein. Schon Albert Einstein hatte unseren Zeitbegriff als Illusion entlarvt: »Für uns gläubige Physiker hat die Scheidung zwischen Vergangenheit, Gegenwart und Zukunft nur die Bedeutung einer wenn auch hartnäckigen Illusion.«[33]

Das wohl kurioseste Beispiel für einen Trugschluss in Einsteins Relativitätstheorie ist das sogenannte »Zwillingsparadoxon«: Angenommen, die Herren Einstein und Zweistein seien Zwillinge. Wie wir eben lernten, dauert der Flug von der Erde zum Mond aus Zweisteins Perspektive hundertmal länger als aus Einsteins Perspektive. Paradox wird die Situation, wenn Einstein aus Zweisteins Perspektive hundert Jahre unterwegs ist und zu Zweistein zurückkehrt. Dann ist Einstein aus seiner eigenen Perspektive bloß ein Jahr unterwegs gewesen, also plötzlich 99 Jahre jünger als Zweistein. Doch Einstein könnte ebenso argumentieren, dass sich sein Zwillingsbruder bewegt hat und 99 Jahre jünger sein müsse. Wer von beiden hat Recht? In der Tat lässt sich zeigen, dass der auf der Erde zurückbleibende Zwilling schneller altert.[34] Der Trugschluss, dass der jeweils andere Zwilling jünger sei, beruht auf einer nicht zutreffenden Symmetrie zwischen beiden Personen. Irgendwann musste Einstein nämlich mit seinem Raumschiff umkehren, so dass er auf dem Rückflug eine andere Perspektive hat als auf dem Hinflug. Aufgrund dieses Perspektivenwechsels ist die Symmetrie gebrochen. Was wird Zweistein für Augen machen, wenn sein eigener Zwillingsbruder 99 Jahre jünger aussieht als er selbst? Ob Einstein dennoch Anspruch auf eine Rente hat?!

Nun übertragen wir unsere Erkenntnisse auf das Universum. Weil absoluter Raum und absolute Zeit nur Illusionen sind, lassen sich weder seine Ausdehnung noch sein Alter absolut bestimmen. Die astrophysikalische Annahme, dass das Universum vor ungefähr 13,7 Milliarden Jahren im sogenannten »Urknall« entstanden sei,[35] mag zwar aus irdischer Sicht zutreffen, ist jedoch eigentlich irrelevant. Wenn wir in einem Raumschiff sitzen könnten, das seit dem Urknall mit 99,995 Prozent der Lichtgeschwindigkeit unterwegs ist, dann würde dasselbe Universum aus unserer neuen Perspektive hundertmal jünger sein, also »nur« 137 Millionen Jahre alt. Und wenn das Raumschiff seit dem Urknall mit 100 Prozent der Lichtgeschwindigkeit unterwegs wäre, dann würde dasselbe Universum aus unserer neuen Perspektive genau *jetzt* entstehen. Für alles, was mit Lichtgeschwindigkeit unterwegs ist, schrumpft nämlich jede zeitliche Distanz auf den Wert null.[36] Wie alt das Universum ist, hängt also insbesondere von der Perspektive des Beobachters ab. Die Kunst besteht darin, zwischen Illusion und Wirklichkeit zu unterscheiden. Illusion ist, wenn ich glaube, dass meine Vorstellung von Zeit das Maß aller Dinge sei und auch im Tod ein zeitliches Nacheinander existiere. Wirklichkeit ist, dass es in meinem Leben ein Nacheinander gibt. Nutzen Sie Ihr Nacheinander, indem Sie bewusst leben und sich entwickeln! Wie ich noch erläutern werde, entfällt im Tod das Nacheinander und folglich auch jede Entwicklung.

Entsprechend ist auch die astrophysikalische Behauptung zu relativieren, dass das Universum eine räumliche Ausdehnung von mindestens 78 Milliarden Lichtjahren habe.[37] Ein Lichtjahr ist der Weg, den das Licht aus unserer Perspektive in einem Jahr zurücklegt. Für das Licht stellt sich die Situation aber ganz anders dar. Aus seiner Perspektive schrumpft auch jede räumliche Distanz auf den Wert null.[38] Für das Licht schrumpft das gesamte Universum auf einen kleinen Punkt zusammen. Wie ausgedehnt das Universum ist, hängt also insbesondere von der Perspektive des Beobachters ab. Die Kunst besteht darin, zwischen Illusion und Wirklichkeit zu unterscheiden. Illusion ist, wenn ich glaube, dass meine Vorstellung von Raum das Maß aller Dinge sei und auch im Tod ein räumliches Gegenüber existiere. Wirklichkeit ist, dass es in meinem Leben ein Gegenüber gibt. Nutzen Sie Ihr Gegenüber, indem Sie ihm oder ihr ganz tief in die Augen schauen und eine Beziehung aufbauen! Wie ich noch erläutern werde, entfällt im Tod das Gegenüber und folglich auch jede Beziehung.

Die wichtigste Botschaft der Quantentheorie

Die Quantentheorie ermöglicht uns den dritten bedeutenden Schritt in Richtung eines zeitgemäßen, nicht von überlieferten Texten abhängigen Weltbildes. Sie wurde in den Jahren 1925 bis 1935 von mehreren brillanten Physikern erarbeitet, insbesondere von Werner Heisenberg, Erwin Schrödinger, Niels Bohr, Max Born und Paul Dirac. Doch den Anstoß für die Quantentheorie gab Max Planck schon im Jahr 1900, als er eine für damals recht ungewöhnliche Annahme machte: Energie lässt sich nicht kontinuierlich austauschen, sondern nur in Sprüngen – als sogenannte »Quanten«.[39] Allerdings gelang es erst Heisenberg und Schrödinger, diese Annahme in eine geeignete Theorie einzubetten. Die Quantentheorie ist neben der Relativitätstheorie eine der zentralen Säulen, auf denen die moderne Physik beruht.

Auch die Quantentheorie hat ein Schauspiel der besonderen Art zu bieten – ein *Beziehungsdrama*. Es handelt von den gegenseitigen Wechselwirkungen in dieser Welt. Das dramatische Element besteht darin, dass wir mit allem, was wir tun, die Welt wesentlich mehr verändern, als uns bewusst ist. Zum Beispiel beeinflussen wir jedes Objekt bereits dadurch, dass wir es beobachten. Damit Sie die ganze Tragweite dieses Dramas erfassen können, werde ich zeigen, wie sich auch die wichtigste Botschaft der Quantentheorie ohne mathematische Formeln ausdrücken lässt. Steigen wir also ein in die Welt der Quanten! Darunter wollen wir winzige Objekte verstehen, durch deren Austausch sich der Energieinhalt oder eine andere physikalische Größe verändert.

Zur Veranschaulichung von Raum und Zeit war es sinnvoll, Einsteins Raumschiff über weite Distanzen fliegen zu lassen. In der Quantentheorie geht es jedoch um das, was die Welt im Innersten zusammenhält. Um uns davon ein Bild machen zu können, setzen wir Herrn Heisenberg nicht in ein Raumschiff, sondern vor ein Mikroskop (wie in Abbildung 12). Angenommen, er legt ein kleines Teilchen unter sein Mikroskop, um den Ort dieses Teilchens exakt bestimmen zu können. Sehen kann er das Teilchen aber erst dann, wenn er es beleuchtet und das von dem Teilchen reflektierte Licht beobachtet. Hierbei überträgt das Licht allerdings einen Teil seiner Energie auf das Teilchen, so dass es ungewollt angestoßen wird. Folglich kann Heisenberg den Ort seines Teilchens nur dann bestimmen, wenn er in Kauf nimmt, dass es dabei seine Bewegung verändert.

Abb. 12: Werner Heisenberg beobachtet ein Teilchen

Heisenberg könnte den Stoßeffekt auf das Teilchen immer weiter verringern, indem er schwächeres Licht verwendet. Beispielsweise hat rotes Licht weniger Energie als blaues Licht. Allerdings hängt die Auflösung des Mikroskops auch von der Lichtfarbe ab. Mit rotem Licht kann Heisenberg das Teilchen nicht so gut orten wie mit blauem Licht. Er steht also vor folgendem Dilemma: Je genauer er den Ort seines Teilchens bestimmen will, umso mehr Lichtenergie benötigt er, das heißt, umso stärker stößt er das Teilchen ungewollt an. Dieser Stoß verändert die Bewegung des Teilchens. Eine genauere Ortsbestimmung führt also unvermeidlich zu einer ungenaueren Bestimmbarkeit der Bewegung. Dieser Zusammenhang wird als »Unbestimmtheitsrelation« bezeichnet.[40] Heisenberg selbst wählte das Beispiel mit dem Mikroskop, um sie zu veranschaulichen.

Was können wir aus solchen Gedanken lernen? Tatsächlich sind es zwei Erkenntnisse, die sich verallgemeinern lassen, auch wenn es sich nur um ein Gedankenexperiment handelt. Erstens gibt es Unbestimmtheiten in dieser Welt, die keine noch so exakte Messung beseitigen kann. Im Gegenteil: Je genauer wir einen Parameter bestimmen, umso unbestimmter wird dafür ein anderer Parameter. Zweitens müssen wir mit einem Objekt wechselwirken, sobald wir irgendetwas darüber in Erfahrung bringen wollen. Diese beiden Erkenntnisse führten unvermeidlich zum Bruch mit der klassischen Physik. Letztere ging davon aus, dass sich jeder Parameter unabhängig und beliebig genau bestimmen ließe und dass wir die Natur als unbeteiligte Zuschauer beobachten könnten. Heute sind diese Grundannahmen nicht mehr haltbar. Die Welt ist von Natur aus nicht vollständig bestimmt – und nichts geschieht losgelöst von allem anderen. Wir verändern die Welt mit allem, was wir tun, auch wenn wir sie einfach nur beobachten!

> *Die wichtigste Botschaft der Quantentheorie:*
> *Alles hängt mit allem zusammen.*

Das beste Beispiel für unser unzulängliches Verständnis der Welt sind die sogenannten »verschränkten Teilchen«, die im Jahr 1935 von Erwin Schrödinger vorausgesagt,[41] aber erst im Jahr 1984 durch Alain Aspect im Labor nachgewiesen wurden.[42] Was hat es mit diesem aufschlussreichsten Experiment der Quantenphysik auf sich? Zwei Teilchen gelten als miteinander verschränkt, wenn sie einmal in Wechselwirkung gestanden haben und sich danach nicht mehr wie zwei getrennte Objekte verhalten, selbst wenn sie räumlich sehr weit voneinander entfernt sind. In Aspects Experiment handelt es sich um zwei Lichtteilchen, die mit einem Laserstrahl erzeugt wurden (siehe Abbildung 13).

Danach werden die Lichtteilchen voneinander getrennt und jedes für sich vermessen (siehe Abbildung 14). Wir nehmen nun der Einfachheit halber an, dass die Messung aus einem Kitzeln besteht und nur zwei mögliche Ergebnisse liefern kann:[43] Das Teilchen verhält sich entweder wie eine Katze und sagt »miau« – oder wie eine Maus und sagt »piep«. Es entscheidet sich *spontan und zufällig*. Wenn das Experiment öfter wiederholt und stets nur ein Teilchen gekitzelt wird, ist manchmal ein »Miau« und manchmal ein »Piep« zu hören. Dieses Verhalten ist noch ganz klassisch, aber jetzt kommt der Hammer: Wenn zuerst das nach links fliegende Teilchen gekitzelt wird und sich zufällig für ein »Miau« entscheidet, dann hat das andere Teilchen plötzlich *keine* Wahlfreiheit mehr, sondern sagt ebenfalls »miau«. Wenn sich das nach links fliegende Teilchen hingegen zufällig für ein »Piep« entscheidet, dann sagt das andere Teilchen ebenfalls »piep«. Dabei spielt es keine Rolle, ob die Lichtteilchen einen Meter oder einen Kilometer voneinander getrennt sind. Selbst wenn ein Teilchen bis zum Mond oder bis zu einer anderen Galaxie fliegt, macht es stets denselben Tierlaut wie das auf der

Erde gebliebene Teilchen. Einstein hat dieses skurrile Verhalten sehr treffend als eine »spukhafte Fernwirkung«[44] bezeichnet, weil jedes Teilchen spontan über den Tierlaut des anderen Teilchens informiert ist. Es weiß *sofort,* ob das andere Teilchen »miau« oder »piep« gesagt hat.

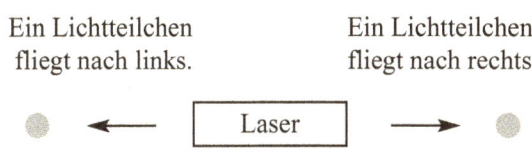

Ein Lichtteilchen   Ein Lichtteilchen
fliegt nach links.   fliegt nach rechts.

Abb. 13: Erzeugung von zwei verschränkten Lichtteilchen

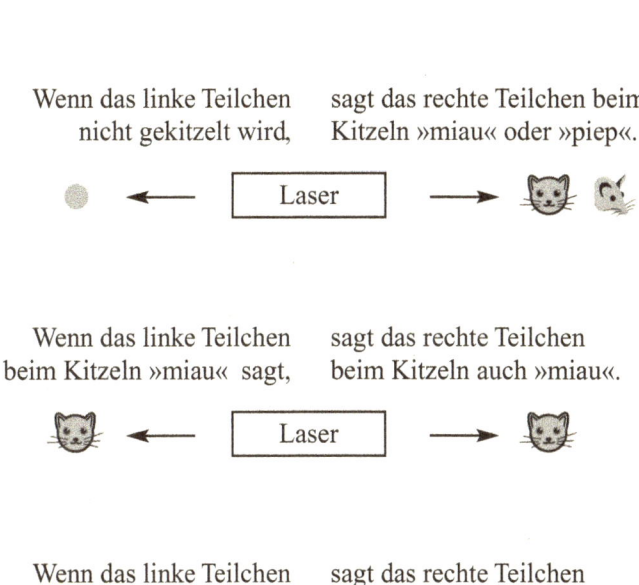

Wenn das linke Teilchen   sagt das rechte Teilchen beim
nicht gekitzelt wird,   Kitzeln »miau« oder »piep«.

Wenn das linke Teilchen   sagt das rechte Teilchen
beim Kitzeln »miau« sagt,   beim Kitzeln auch »miau«.

Wenn das linke Teilchen   sagt das rechte Teilchen
beim Kitzeln »piep« sagt,   beim Kitzeln auch »piep«.

Abb. 14: Vermessung von zwei verschränkten Lichtteilchen

Das skurrile Verhalten lässt sich *nicht* damit erklären, dass die zwei Teilchen Informationen untereinander austauschen, weil jede Art von Kommunikation Zeit in Anspruch nehmen würde. Die einzig logische Erklärung für dieses Verhalten ist, dass es gar nicht mehr zwei individuelle Teilchen sind, weil die Verschränkung eine Ganzheit daraus gemacht hat. Weil diese Ganzheit an zwei Orten gleichzeitig ist, weiß sie automatisch, wann sie »miau« oder »piep« zu sagen hat.

In diesem Kapitel wollte ich ausloten, was die Welt im Innersten zusammenhält. Verschränkte Teilchen enthüllen uns auf dramatische Weise, welche Auswirkungen es hat, wenn alles mit allem zusammenhängt. Offensichtlich spielt Verbundenheit in der Quantentheorie eine viel größere Rolle als Individualität. Die Quantenwelt ist aber gar nicht losgelöst von der Welt, in der wir leben, sondern sogar ihre Grundlage! Alle Materie – auch unser Körper – wird durch Quanten zusammengehalten. Deswegen wünscht sich der Quantenphysiker Hans-Peter Dürr eine Sprache, die das Verbinden und das Zusammenhängen betont und nicht das, was verbunden ist oder zusammenhängt.[45]

Niemals können wir so tun, als würde uns der Rest der Welt nichts angehen. Tief in unserem Inneren sind wir gar keine Individuen, sondern etwas miteinander Verbundenes – eine Ganzheit. Diese Erkenntnis führt uns zu zwei unschätzbaren Lebensweisheiten: *Indem ich anderen helfe, beschenke ich mich selbst. Indem ich andere über den Tisch ziehe, schade ich mir selbst.* Aus der Quantentheorie lassen sich Verhaltensregeln ableiten. Wer hätte das gedacht? Glücklich schätzen darf sich, wer das Beziehungsdrama schon zu Lebzeiten durchschaut und all sein Handeln danach ausrichtet.

Die wichtigste Botschaft der Sterbeforschung

Was ich bisher über die Evolutionstheorie, die Relativitätstheorie und die Quantentheorie geschrieben habe, wird von den meisten Wissenschaftlern ohne Vorbehalte akzeptiert. Sobald ich aber die Sterbeforschung in einem Atemzug mit diesen drei Theorien nenne, bläst mir ein mitunter heftiger Wind entgegen. Die Sterbeforschung befasst sich in erster Linie mit sogenannten »Nahtoderfahrungen«, deren Wahrheitsgehalt wissenschaftlich umstritten ist. Gegenwind entsteht immer dann, wenn einige Wissenschaftler ihren Mund allzu voll nehmen und den Betroffenen eine Halluzination oder Verwirrtheit bescheinigen, ohne eine solche Unterstellung beweisen zu können. Nichts berechtigt dazu, das Erlebnis einer anderen Person als »Hirngespinst« zu bezeichnen, solange es nicht selbst erlebt wurde. Weil die Erkenntnisse der Sterbeforschung noch relativ wenig bekannt sind, wird dieses Kapitel etwas umfangreicher ausfallen.

Objektive Wissenschaft zeichnet sich insbesondere dadurch aus, dass sie zunächst alle Möglichkeiten in Betracht zieht, um dann solche auszuschließen, die eindeutig widerlegbar sind. Charles Darwin, Albert Einstein und Werner Heisenberg waren vor allem deshalb sehr erfolgreich, weil sie es gewagt hatten, sich bewusst über die alte Lehrmeinung hinwegzusetzen. Zunächst wurden sie von vielen Kollegen für verrückt erklärt, als sie ihre revolutionären Gedanken veröffentlichten, doch schließlich behielten sie Recht. Wer Wissenschaft auf das beschränkt, was mit bestehenden Theorien konform geht, betreibt keine Wissenschaft, sondern handelt mit alten Hüten. Aus bekanntem Stoff lässt sich kein neues Wissen schaffen. Zeitgemäße Wissenschaft tickt anders: Sie macht dann Quantensprünge, wenn wir eine offene Haltung bezüglich neuer Hypothesen einnehmen. Hierzu zählt auch, dass wir Nahtoderfahrungen solange als real einstufen, *bis wir das Gegenteil beweisen können*. Wie in jedem Streitfall muss gelten: Im Zweifel für den Angeklagten!

Falls Sie also glauben, dass eine Nahtoderfahrung nichts mit der Wirklichkeit zu tun hat, lege ich Ihnen dieses Kapitel besonders ans Herz. Falls Sie Nahtodberichte ernst nehmen, sie aber »lediglich« für Vermutungen halten, antworte ich: Auch jede wissenschaftliche Theorie ist eine Vermutung. Selbst die Evolutionstheorie, die Relativitätstheorie und die Quantentheorie können sich noch als falsch oder als nicht vollständig erweisen. Ein einziges Gegenbeispiel reicht aus, um eine Theorie zu widerlegen. Falls Sie nun die Sterbeforschung für unwissenschaftlich halten, weil ihre Erkenntnisse nicht zu widerlegen seien, entgegne ich: Wissenschaft ist alles, womit sich *Wissen schaffen* lässt. Karl Popper hatte einst gefordert,[46] dass jede wissenschaftliche Theorie über die Wirklichkeit im Prinzip falsifizierbar sein müsse, doch schon sein Kontrahent Paul Feyerabend stellte feste Regeln für die Wissenschaft in Frage.[47] Der Psychologe Abraham Maslow hat einen vernünftigen Vorschlag gemacht, was die Wissenschaft zu leisten hat: »Wenn es eine erste Grundregel für die Wissenschaft gibt, so besteht diese meiner Meinung nach darin, dass man der gesamten Wirklichkeit, allem was existiert, alles was geschieht, einen Platz einräumen sollte, um es zu beschreiben. Vor allem anderen muss die Wissenschaft alles einbeziehen und allumfassend sein. Sie muss selbst das in ihren Zuständigkeitsbereich aufnehmen, was sie nicht zu verstehen oder zu erklären vermag, das, wofür keine Theorie existiert, was man nicht messen, voraussagen, kontrollieren oder einordnen kann.«[48]

Was genau ist eine Nahtoderfahrung? Darunter verstehen wir ein Phänomen, das auftreten kann – aber nicht muss –, wenn jemand dem Tod für kurze Zeit sehr nahe kommt und sich nach erfolgreicher Reanimation an das Erlebte erinnert. Typische lebensbedrohliche Situationen sind ein Verkehrsunfall, ein Herzinfarkt oder eine mit Komplikationen verbundene Operation. Ein kurzzeitiger Herzstillstand ist nicht zwingend für das Auftreten einer Nahtoderfahrung, aber oft ihre auslösende Ursache. Weil heute immer mehr Menschen dank der modernen Notfallmedizin einen akuten Herzstillstand überleben, ist die Zahl der Nahtodberichte in jüngster Zeit stark angestiegen. Vor 50 Jahren sind solche Patienten gestorben, bevor sie ihre Erlebnisse mitteilen konnten.

Während eines Herzstillstands ist ein Patient klinisch tot. Der *klinische Tod* ist ein Zustand der Bewusstlosigkeit, der durch eine unzureichende Blutversorgung des Gehirns hervorgerufen wird. Wenn in dieser Situation nicht innerhalb von fünf bis zehn Minuten mit einer Reanimation begonnen wird, kommt es zur irreparablen Schädigung der Gehirnzellen. Vom klinischen Tod sind der *Hirntod* und der *biologische Tod* zu unterscheiden. Der Hirntod ist definiert durch den irreversiblen Funktionsverlust von Großhirn und Hirnstamm. Hierdurch verliert ein Mensch seine Identität. Der biologische Tod entspricht dem endgültigen Aussetzen aller Organfunktionen. Ungeachtet dessen sterben im menschlichen Körper täglich etwa 50 Milliarden Zellen und werden durch junge Zellen ersetzt. Weil ein Mensch aus ungefähr 10^{14} Zellen besteht,[49] haben wir alle paar Jahre einen nagelneuen Körper, ohne es zu bemerken.

Doch wodurch erhält ein derart wandlungsfähiger Körper eigentlich seine Kontinuität – sein Ich? Und wie kann ein Patient während eines Herzstillstands überhaupt noch eine Erfahrung machen? Bei der Beantwortung dieser spannenden Fragen kann uns die Sterbeforschung behilflich sein. Zu ihren Pionieren gehören Elisabeth Kübler-Ross mit ihren *Interviews mit Sterbenden*[50] und Raymond Moody mit seinem großen Weltbestseller *Leben nach dem Tod*.[51] Kübler-Ross wollte lernen, wie mit Sterbenden umzugehen sei und welche Hilfe diese sich erhoffen. Zu diesem Zweck interviewte sie viele unheilbar kranke Menschen und sprach die Betroffenen direkt auf ihre Gedanken und Gefühle an. Moody prägte den Begriff *near-death experience* (auf Deutsch: Nahtoderfahrung) und führte erstmals systematische Untersuchungen zu diesem Phänomen durch. Er stellte fest, dass Nahtoderfahrungen häufig ähnliche Elemente enthalten, von denen jedoch oft nur einige erlebt oder erinnert werden.[52] Der Sterbeforscher Kenneth Ring fand Moodys Zerlegung in Elemente zu künstlich und schlug vor, Nahtoderfahrungen in fünf thematische Phasen einzuteilen:[53]

Phase 1: Gefühle der Schmerzlosigkeit und des Friedens.
Phase 2: Außerkörperliche Erfahrung.
Phase 3: Flug durch einen Tunnel oder dunklen Raum.
Phase 4: Begegnung mit einem hellen Licht.
Phase 5: Jenseitskontakte, Lebensrückschau.

Abhängig vom Zeitpunkt der Wiederbelebung bricht jede Nahtoderfahrung in irgendeiner Phase ab. Darum wird Phase 1 viel häufiger beschrieben als Phase 5. Die Rückkehr in den eigenen Körper wird oft bewusst und schmerzhaft erlebt. Nahtoderfahrene sind sich einig, dass die menschliche Sprache ungeeignet sei, das Erlebte adäquat zu beschreiben.

Anmerkung zu Phase 1:

Diese affektive Phase kommt in etwa 60 Prozent aller Nahtoderfahrungen vor und wird fast immer positiv erlebt.[54] Der bei einem Unfall oder Herzinfarkt auftretende Schmerz sei plötzlich weg: »Ich hatte gar keine Schmerzen, und niemals zuvor habe ich je ein solches Gefühl des Entspanntseins gehabt. Ich fühlte eine große Harmonie in mir.«[55]

Anmerkung zu Phase 2:

Ein Verlassen des Körpers wird in ungefähr 37 Prozent der Fälle erwähnt.[56] Oft seien die Nahtoderfahrenen über einem Körper geschwebt, hätten ihn aber wegen der ungewohnten Perspektive nicht sofort als den eigenen erkannt: »Mir wurde auf einmal bewusst, dass ich über dem Fußende des Operationstisches schwebte und auf das hektische Treiben um den Körper eines Menschen unter mir herabsah. Schon bald begriff ich, dass es mein eigener Körper war. Ich schwebte über ihm, also auch über der Lampe, aber ich konnte durch sie hindurchschauen. Ich hörte auch, was dort geredet wurde. ›Komm schon, verdammter Mistkerl!‹, schrien sie, daran erinnere ich mich noch. Noch seltsamer war, dass ich sie nicht nur reden hörte, ich kannte auch die Gedanken aller Menschen, die da herumliefen.«[57]

Anmerkung zu Phase 3:

Rund 23 Prozent aller Nahtoderfahrenen schildern, dass sie sich dann in dunkler Umgebung (Tunnel, Höhle, Tal) wiederfinden.[58] Die Bezeichnungen unterscheiden sich, aber die Betroffenen bewegen sich stets durch einen dunklen Gang zu einem Ziel: »Ich gelangte in einen tiefdunklen, schmalen, spiralförmigen Tunnel, was mir zunächst beängstigend, aber nicht unbekannt vorkam. Ich schwebte wahnsinnig schnell durch den Trichter, und je weiter und höher ich dabei kam, desto mehr ging die Dunkelheit in Licht über.«[59] Wenn es nicht gelingt, die Dunkelheit zu überwinden, wird die Nahtoderfahrung als ein negatives Erlebnis erinnert.

Anmerkung zu Phase 4:

Etwa 16 Prozent aller Nahtoderfahrenen sind einem hellen Licht begegnet.[60] Dieses Licht strahle eine bedingungslose Liebe und ein grenzenloses Wissen aus. Dadurch übe es auf alles, was sich in seiner Umgebung befindet, eine magische Anziehung aus: »Dort, vor mir, war die lebendige Präsenz des Lichts. In ihm spürte ich eine alles durchdringende Intelligenz, Weisheit, Mitgefühl, Liebe und Wahrheit. Dieses vollkommene Wesen hatte weder eine Gestalt noch ein Geschlecht. Es enthielt alles, so wie weißes Licht alle Farben des Regenbogens enthält, wenn es durch ein Prisma fällt. Und tief in meinem Inneren formte sich sofort eine wundersame Erkenntnis: Ich, ja ich, stand vor Gott.«[61]

Anmerkung zu Phase 5:

Die letzte Phase beschreiben nur noch 10 Prozent der Betroffenen.[62] In einer meist wunderschönen Landschaft seien Kontakte zu Verstorbenen möglich, die sich vor allem durch ihre Liebe und ihr Wissen zu erkennen geben. Manchmal finde eine detaillierte Rückschau statt, die das eigene Leben nochmals am Sterbenden vorbeiziehen lasse. Das Besondere daran sei, dass sie das eigene Leben aus den Perspektiven aller Menschen zeige, die irgendwie daran beteiligt waren: »Alles, was du je getan hast, wird dir in der Rückschau zur Beurteilung vorgelegt, und so unangenehm manches auch sein mag, ist es doch ein tolles Gefühl, alles offen auf dem Tisch zu haben. Im Leben kannst du herumspielen und mit Ausreden kommen oder sogar mal was vertuschen und dich auf Dauer damit selber ins Unglück stürzen. Aber als ich dort die Rückschau sah, gab es kein Vertuschen mehr. Ich war die Menschen, die ich gekränkt habe, und ich war die Menschen, die sich durch mich gut gefühlt haben.«[63]

Wer bis zur Phase 5 vorgedrungen ist, bezeichnet die Liebe und das Wissen oft als die höchsten Werte, die uns das Leben zu bieten hat.[64] Somit besteht der Sinn des Lebens nicht darin, möglichst lange zu leben, sondern jeden Augenblick zu fühlen und zu lernen – also in der Gegenwart zu leben. In Bezug auf Sterbebegleitung heißt das, dass ein Leben nicht um jeden Preis verlängert werden sollte, sondern nur, wenn ein Fühlen und Lernen noch möglich ist. Manchmal kann es ratsam sein, dem Leben einfach seinen Lauf zu lassen.

Die wichtigste Botschaft der Sterbeforschung: Fühlen und Lernen sind der Sinn des Lebens.

Für eine größtmögliche Objektivität werde ich jetzt die fünf häufigsten Erklärungsversuche für Nahtoderfahrungen vorstellen. Sie stammen aus der Physiologie, Pharmakologie, Neurologie, Psychologie und von den Betroffenen selbst.

Hypothese 1: Nahtoderfahrungen sind Halluzinationen, ausgelöst durch Sauerstoffmangel im Gehirn.

Hypothese 2: Nahtoderfahrungen sind Glücksgefühle, ausgelöst durch Chemikalien im Gehirn.

Hypothese 3: Nahtoderfahrungen sind Illusionen, ausgelöst durch elektrische Aktivität im Gehirn.

Hypothese 4: Nahtoderfahrungen sind ein Spiegel dessen, wie wir uns den Tod vorgestellt haben.

Hypothese 5: Nahtoderfahrungen sind real.

Anmerkung zu Hypothese 1:

Eine gebräuchliche Hypothese ist, dass Nahtoderfahrungen durch Sauerstoffmangel im Gehirn verursacht werden, wie er während eines Herzstillstands auftritt. Die Gehirnaktivität wird dabei stark reduziert und setzt schließlich ganz aus. Erfahrungen, die in solchen Extremsituationen gemacht werden, seien aufgrund des Sauerstoffmangels nicht verlässlich und darum als Halluzinationen einzustufen. Diese Hypothese kann nicht zutreffen, weil Nahtoderfahrungen auch dann gemacht werden, wenn definitiv kein Sauerstoffmangel vorliegt.[65] Beispiele hierfür sind ein drohender Verkehrsunfall, der dann doch nicht stattgefunden hat, oder eine sehr starke Depression. Eine Halluzination scheidet aus, weil viele Betroffene trotz Herzstillstand etwas erlebt haben, was sich in weiter Entfernung *tatsächlich* ereignet hat. Beispielsweise konnte eine Mutter nach erfolgter Reanimation ein Bild detailliert beschreiben, das ihr Sohn gemalt hatte, während sie selbst klinisch tot war. Zeugen bestätigten, dass der Sohn zu diesem Zeitpunkt mehr als 400 Kilometer weit weg war und dass sein Bild erst Tage danach mit der Post eintraf.[66]

Anmerkung zu Hypothese 2:

Einige Skeptiker meinen, dass Nahtoderfahrungen auf chemischen Reaktionen beruhen. Tatsächlich setzt das Gehirn in Stresssituationen – also auch beim Sterben – sogenannte »Endorphine« frei. Diese können Schmerzen stillen und ein Glücksgefühl verursachen, aber keine Nahtoderfahrung auslösen. Ihre Wirkung hält nämlich mehrere Stunden an, wogegen der Schmerz mit der Reanimation sofort zurückkehrt. Außerdem kommt es nicht bei allen Betroffenen zu einem Glücksgefühl. Ungefähr 10 Prozent aller Nahtoderfahrungen nehmen einen negativen Verlauf,[67] dessen Ursache wir in einem späteren Kapitel ergründen werden.

Anmerkung zu Hypothese 3:

Viele Neurologen vergleichen das Gehirn mit einem Computer. Wenn wir sterben, stürze dieser Computer ab, erzeuge aber noch elektrische Signale. Eine derart unkontrollierte Aktivität könne nicht die Realität abbilden, sondern gaukele irgendwelche Illusionen vor. Wenn Neurologen mit ihrem Gehirn die Funktionsweise eines Gehirns verstehen wollen, drehen sie sich im Kreis. Illusionen scheiden schon deshalb aus, weil viele Nahtodberichte mehrere Jahre später bestätigt werden. So machte der Psychologe Carl Gustav Jung im Jahr 1944 während eines Herzinfarkts die folgende außerkörperliche Erfahrung: »Es schien mir, als befände ich mich hoch oben im Weltraum. Weit unter mir sah ich die Erdkugel in herrlich blaues Licht getaucht. Ich sah das tiefblaue Meer und die Kontinente. Tief unter meinen Füßen lag Ceylon und vor mir der Subkontinent von Indien. Mein Blickfeld umfasste nicht die ganze Erde, aber ihre Kugelgestalt war klar erkennbar, und ihre Kontinente schimmerten silbern durch das wunderbare blaue Licht. An manchen Stellen schien die Erdkugel farbig oder dunkelgrün gefleckt wie oxydiertes Silber. Links lag in der Ferne eine weite Ausdehnung – die rotgelbe Wüste Arabiens. Es war, wie wenn dort das Silber der Erde eine rotgelbe Tönung angenommen hätte ... Später habe ich mich erkundigt, wie hoch im Raume man sich befinden müsse, um einen Blick von solcher Weite zu haben. Es sind etwa 1500 Kilometer.«[68] Jung konnte die Farbnuancen unserer Erde exakt so beschreiben, wie sie erst 20 Jahre später auf Satellitenfotos zu sehen sind! Sein Erlebnis ist mit der heutigen Schulmedizin nicht vereinbar.

Anmerkung zu Hypothese 4:

Einige Psychologen glauben, dass wir beim Sterben einfach unsere Vorstellung vom Tod ausleben. Wenn jemand etwas über Tunnelerlebnisse gehört hat, werde er Ähnliches beim eigenen Tod erwarten. Diese Hypothese ist heute sehr leicht zu entkräften, weil inzwischen auch viele Nahtoderfahrungen von Kindern vorliegen (siehe Abbildung 15), denen die Thematik aufgrund ihres Alters noch völlig fremd ist.[69]

Quelle: Pim van Lommel, Endloses Bewusstsein. Neue medizinische Fakten zur Nahtoderfahrung, © Patmos Verlag der Schwabenverlag AG, Ostfildern 2011, S. 105. www.verlagsgruppe-patmos.de

Abb. 15: Außerkörperliche Erfahrung eines sechsjährigen Mädchens während einer NTE (Nahtoderfahrung)

Anmerkung zu Hypothese 5:
Wer sich ernsthaft auf das Gespräch mit einem Nahtoderfahrenen einlässt, spürt sofort, wie er von der Realität seines Erlebnisses überzeugt ist. Ich kenne sonst niemanden, der mit einer vergleichbaren Gewissheit über die letzten Dinge sprechen kann. Dass der Tod nicht das Ende von allem ist, steht für ihn ebenso fest wie die Tatsache, dass $1 + 1 = 2$ ist. Der Kardiologe Pim van Lommel hat in einer wissenschaftlichen Studie 344 Herzinfarktpatienten befragt[70] und kommt in seinem Buch *Endloses Bewusstsein*[71] zu dem sehr bemerkenswerten Schluss, dass Nahtoderfahrungen *real* sind. Der Wissenschaftstheoretiker Thomas Kuhn empfiehlt in einem solchen Fall einen Paradigmenwechsel.[72] Die Wissenschaft

müsse nach neuen Zusammenhängen suchen, mit denen sich die bis dahin unverstandenen Phänomene erklären lassen.

Einen derartigen Zusammenhang habe ich in meinem Buch *Lucy mit c*[73] erstmals postuliert: Es ist denkbar, dass ein Teil von uns – vielleicht die Seele – beim Sterben bis auf Lichtgeschwindigkeit beschleunigt wird und beim Tod ins Licht eintaucht. Bei so einer Beschleunigung sagt die Physik tatsächlich ein Tunnelerlebnis voraus, das sogar einen wissenschaftlichen Namen hat: der *searchlight effect* (auf Deutsch: Scheinwerfer-Effekt). Aus der Perspektive des beschleunigten Objekts kommt dann das gesamte Umgebungslicht – gebündelt wie beim Scheinwerfer – von vorne. Es sieht aus wie beim Flug durch einen Tunnel mit einem Licht an dessen Ende. Mit ansteigender Geschwindigkeit wird das Licht heller und größer, und beim Erreichen der Lichtgeschwindigkeit verschmilzt das Objekt mit dem Licht. In meinem Buch *Lucy im Licht*[74] habe ich beschrieben, wie sich dieser Effekt mit fallenden Schneeflocken veranschaulichen lässt: Wenn wir bei Schneefall mit dem Auto unterwegs sind, entsteht auch der Eindruck, dass die Schneeflocken nicht von oben, sondern schräg von vorne auf die Windschutzscheibe treffen. Um mich nicht unnötig zu wiederholen, zeige ich in diesem Buch nur wenige Bilder zum Scheinwerfer-Effekt (siehe Abbildung 16). Zu sehen ist eine physikalische Simulation[75] beruhend auf Einsteins Relativitätstheorie. Jeweils oben ist die Geschwindigkeit eingeblendet, mit der sich das beschleunigte Objekt relativ zu einem Blumenfeld bewegt. Dass es sich bei diesem Objekt nicht um die Augen eines Sterbenden handeln kann, lasse ich nicht als Gegenargument gelten. Nahtoderfahrungen sind spirituelle Erlebnisse, die *nicht* auf sinnlichen Wahrnehmungen beruhen, sondern auf einer geistigen Bewusstseinserweiterung.

Abb. 16: Der Scheinwerfer-Effekt

Die Deutung des Tunnelerlebnisses mit dem Scheinwerfer-Effekt ist nicht zwingend, aber insofern plausibel, als Nahtoderfahrene oft behaupten, mit einem Affenzahn durch den Tunnel gerauscht zu sein. Ist es ein Zufall, dass der Scheinwerfer-Effekt auch nur bei sehr hohen Geschwindigkeiten auftritt? Ist es ein zweiter Zufall, dass am Ende des Tunnels Licht ist? Wie ich bald erläutern werde, führt dieser Tunnel schnurstracks in die Ewigkeit! Und ist es ein dritter Zufall, dass Materie niemals Lichtgeschwindigkeit erreichen kann? Dass es sich somit lohnen sollte, nach immateriellen Werten wie Liebe und Wissen zu streben? Weil das zu viele Zufälle auf einmal sind, halte auch ich Nahtoderfahrungen für real.

Wir haben nun die drei bedeutendsten Theorien der Wissenschaft kennengelernt und uns mit moderner Sterbeforschung auseinandergesetzt. Ab jetzt werden wir uns vor allem mit Glaubensfragen befassen. Gönnen Sie sich eine kurze Lesepause, bevor Sie die Lektüre fortsetzen!

Ziel 3

Das Unfassbare begreifen

Samuel lernt gerade sprechen
und kreiert täglich neue Wörter.
Zu seiner Hose sagt er ganz stolz:
»Popopullover!«

Überall, wo Kreativität ist, ist Gott.

Ein einfacher Gottesbegriff

Auf meinen Vorträgen und Lesungen werde ich oft gebeten zu erläutern, weshalb ich heute noch ein bekennender Christ sei und wie ich mein durchdachtes, von Vernunft geprägtes Weltbild mit dem christlichen Glauben vereinbaren könne. Gerne möchte ich in diesem Kapitel darauf antworten.

Ich vermute, dass alle Religionen menschengemacht sind. Das wichtigste Indiz hierfür liefern personale Gottesbegriffe (siehe Abbildung 17). Äußerlich sind Christus, Brahma und Buddha fast nicht von den Göttern der alten Ägypter, Griechen oder Römer – Ra und Isis, Zeus und Hera, Jupiter und Juno – zu unterscheiden. Sie alle sehen aus wie ein Mensch. Dass sich viele Gläubige Gott wie eine Person vorstellen, ist durchaus nachvollziehbar. Als Beziehungswesen suchen sie sogar in Gott einen Ansprechpartner. Im Christentum ist die Aufgabe fantastisch gelöst: Christus ist der direkte Draht zu Gott. Im Gebet kann diese Vorstellung recht nützlich sein, aber sie ist wohl ein Bild – von und für Menschen.

In nahezu allen Religionen nimmt Gott eine lebende Gestalt an, um sich der Menschheit zu erkennen zu geben. Auch in Christus soll Gott Mensch geworden sein, was die Fantasie vieler Künstler beflügelt hat. Gleichwohl kennt sowohl die jüdisch-christliche Tradition als auch der Islam das Bilderverbot. In der Bibel heißt es, dass wir uns kein Bildnis von Gott machen sollen.[76] Bilder von Allah sind nach der Tradition verboten.[77] Gottesbilder sind nur Abbilder von uns. Mit ihnen laufen wir Gefahr, uns selbst zu verherrlichen.

Ra   Isis   Christus

Zeus   Hera   Brahma

Jupiter   Juno   Buddha

Abb. 17: Neun personale Gottesbegriffe

Angesichts der vielen Gottheiten in Abbildung 17 wäre es anmaßend zu behaupten, dass eine davon der einzig wahre Gott sei. Christus soll gestorben sein, um die Menschen von ihren Sünden zu erlösen. Aufgrund der wissenschaftlichen Erkenntnisse in Bezug auf die Evolution und das Universum ist es heute kaum noch zu vermitteln, warum alle Menschen

durch den tragischen Tod eines Einzelnen erlöst sein sollen.
Buddha wirkt dagegen geradezu komisch: Er lacht, weil er
aufwacht und erkennt, dass die Wahrheit einfach und doch
vollkommen ist. Tragik und Komik liegen eng beieinander
und unser unzulänglicher Verstand mittendrin! Weltweit hat
das Christentum heute die meisten Anhänger, gefolgt vom
Islam, Hinduismus, Buddhismus und Judentum.[78] Daraus
lässt sich aber nicht folgern, dass Christus wirklich existiert
hat. Dieselben Menschen hätten womöglich an Ra und Isis
geglaubt, wenn sie früher gelebt hätten. Religionszugehörig-
keit ist auch eine Frage der Zeit, in der wir leben.

Was ist eigentlich Religion? Der Begriff stammt ab vom la-
teinischen *religere* (auf Deutsch: immer wieder lesen) oder
religare (auf Deutsch: rückbinden) und steht für eine Viel-
zahl unterschiedlicher kultureller Phänomene des Glaubens.
Religionen bieten uns Modelle an, mit denen wir versuchen
können, unseren Platz im kosmischen Geschehen zu finden.
Christentum, Islam und Judentum postulieren heute – eine
neue Auslegung ist jederzeit möglich – einen Schöpfergott,
der seinem Wesen nach von uns getrennt ist und auch stets
getrennt bleibt. In den fernöstlichen Religionen Hinduismus
und Buddhismus[79] lässt sich die Trennung überwinden, oder
sie ist überhaupt nicht vorhanden. Jedes Modell wird aufgestellt, um etwas zu erklären. Es muss verbessert werden, sobald es neue Erkenntnisse gibt. Die Weltreligionen wurden
entworfen, als die Menschen noch glaubten, dass die Sonne
um die Erde kreist. Wir können heute nicht mehr von Gott
reden, wie es damals möglich war. Seit Darwin wissen wir,
dass die Menschheit nicht die Krone der Schöpfung ist. Gott
hat bestimmt nicht 13,7 Milliarden Jahre nur auf uns gewar-
tet! Aufgeklärte Menschen erwarten von den Religionen ein
zeitgemäßes Weltbild. Darum müssen die Religionen heute

aufpassen, dass sie nicht von Wissenschaft und Spiritualität überrannt werden. Viele Physiker haben das Spirituelle für sich entdeckt. Somit können auch Theologen diese Chance nutzen, um ihre Religionen von innen zu erneuern.

Wie ich bereits in meinem Buch *Lucy im Licht*[80] ausgeführt habe, ist in jeder Religion ein Funken Wahrheit enthalten – die Liebe im Christentum, ein friedliches Miteinander im ursprünglichen Islam, die Wertschätzung von allem Leben im Hinduismus, das Wissen im Buddhismus und ein ganzheitliches Denken im Judentum. Wussten Sie, dass Einstein jüdisch erzogen wurde? Womöglich hat sein ganzheitliches Denken in Raum und Zeit religiöse Hintergründe. *Indem die Religionen aufeinander zugehen, können sie ihre Schwachstellen gegenseitig finden und beheben.* Weil jede Religion diese Aufgabe anpacken muss, um dem Fundamentalismus nachhaltig entgegenzuwirken, habe ich keinen zwingenden Grund, zu einer anderen Religion zu konvertieren.

Die personalen Gottesbegriffe haben ihren Ursprung in den heiligen Schriften der Religionen. Häufige Formulierungen wie »Gott sprach«[81] oder »Allah sieht«[82] unterstellen Gott menschliche Tätigkeiten. Womit sollte Gott denn sprechen? Mit einem Mund? Womit sollte Allah sehen? Mit Augen? Weshalb sollte sich Allah eigentlich etwas ansehen, wenn er ohnehin schon alles weiß?! Die heiligen Schriften der sogenannten »Offenbarungsreligionen« (Christentum, Islam und Judentum) gelten zwar als von Gott offenbart, aber sie stammen wahrscheinlich aus Menschenhand. Zum Beispiel heißt es in der Bibel: »Ich bin der Herr, dein Gott, du sollst keine anderen Götter haben neben mir.«[83] Welcher Allmächtige hat es denn nötig, einen solchen Anspruch auf Exklusivität zu erheben? Als Allmächtiger könnte Gott doch verhindern, dass sich die Menschen noch andere Götter suchen. Dieses erste christliche Gebot hat ein Mensch verfasst, weil es eine typisch menschliche Sorge ausdrückt: »Wer könnte mir die Allmacht streitig machen?« Ein Gott der Liebe würde weder so ein Gebot noch sich selbst an die erste Stelle setzen. Der Exklusivitätsanspruch führte dazu, dass Christen missionarisch tätig wurden und andere Religionen bekämpft haben. Gott selbst würde niemals kämpfen. Wozu auch? Die weiseste Antwort darauf wird dem Menschenrechtler Mahatma Gandhi in den Mund gelegt: »Gott hat keine Religion.«[84]

Wie kann ich mich nun noch zu meinem christlichen Glauben bekennen, wenn ich sogar in Frage stelle, dass das erste christliche Gebot von Gott stammt? Im Grunde ist das ganz einfach, weil die Kernaussage des Christentums lautet: »Du sollst deinen Nächsten lieben wie dich selbst.«[85] Die Liebe ist zweifellos das Markenzeichen des christlichen Glaubens. In keiner anderen Religion lässt Gott seinen eigenen Sohn für uns sterben. In diesem Element steckt so viel Liebe, dass zahlreiche Menschen Christus sofort in ihr Herz geschlossen haben. Auch ich halte am Christentum fest, *weil keine andere Schrift die Liebe so ins Zentrum stellt wie die Bibel.* Das heißt jedoch nicht, dass ich andere Religionen abwerte. Im Gegenteil: Wie es sehr weise Menschen gab, welche die Bibel verfasst haben, so schrieben andere intelligente Köpfe den Koran, die Bhagavad Gita, die Sutren und die Tora. Sie bedienten sich jeweils der Sprache ihrer Zeit und der Bilder ihrer Kultur. Ich vermute, dass sie sich ihre Weisheit nicht einfach ausgedacht haben, sondern dass sie ganz besondere Eingebungen hatten. Es könnte sich um Nahtoderfahrungen oder um tiefe Meditationen spiritueller Art gehandelt haben. Mit dieser Vermutung stehe ich nicht allein. Sterbeforscher wie Raymond Moody oder Michael Schröter-Kunhardt füh-

ren die Grundlagen der Religionen ebenfalls auf Nahtoderfahrungen zurück.[86] Beispielsweise beschreibt das tibetische
Totenbuch, das den Buddhisten in den Prozess des Sterbens
einführt, typische Elemente einer Nahtoderfahrung.

Falls es zutrifft, dass die überlieferten Texte der Religionen
aus Menschenhand stammen, hätte es natürlich Konsequenzen hinsichtlich ihrer Auslegung. Schon heute nehmen viele
Theologen längst nicht mehr alles wörtlich, was in der Bibel
steht. Das wäre auch töricht, weil uns die Evolutionstheorie
zeigt, dass sich das Leben auf der Erde nie in sieben Tagen
hätte entwickeln können. Die Theologie müsste sich jedoch
noch mehr vom Wortlaut der Texte lösen, falls diese nicht
das Wort Gottes sind. Wer der Wahrheit so nahe wie möglich
kommen will, darf sich nicht scheuen, Texte und Traditionen
immer wieder zu hinterfragen. Auch die katholische Kirche
ist gut beraten, sich dem Zeitgeist zu öffnen und alle Menschen unter Gott gleichzustellen – sogar im Priesteramt. Was
könnte Gott dagegen haben, wenn eine Frau den Segen er-
teilt? Insbesondere dann, wenn Gott kein Mann ist? Durch
stetes Beobachten und Hinterfragen erweitern wir unseren
Wissenshorizont. Wozu hat Gott uns mit diesen Fähigkeiten
ausgestattet? Um uns zu verbieten, sie einzusetzen? Genau
das macht aber die katholische Kirche, wenn sie Erneuerer
aus den eigenen Reihen – wie den weisen Mystiker Willigis
Jäger – mit einem Redeverbot belegt.[87]

Auch ich hinterfrage personale Gottesbilder und komme zu
zwei äußerst interessanten Erkenntnissen: Erstens kann ein
personaler Gott niemals überall zugleich sein, sondern nur
entweder hier oder dort. Persönlichkeit ist nämlich etwas *Individuelles* (auf Deutsch: Unteilbares), was sich nicht auf
den ganzen Kosmos ver*teilen* lässt. Zweitens lässt sich ein

personaler Gott nicht mit der Existenz des Bösen vereinbaren, weil wir *ihn* oder *sie* dann für alles Böse verantwortlich machen könnten. Personale Gottesbegriffe werden heute zunehmend durch abstrakte Gottesbegriffe ersetzt oder ergänzt (siehe Abbildung 18). Letztere lassen sich kosmisch – also auf den ganzen Kosmos bezogen – denken, und sie müssen auch nicht für das Böse gerade stehen.

Gott ist die Liebe. *1. Johannes Die Bibel*	Gott ist Erkennen. *Meister Eckhart*	Gott offenbart sich in den Handlungen der Natur. *Galileo Galilei*
Gott ist Urheber der allgemeinen Harmonie. *Gottfried Wilhelm Leibniz*	Gott ist die Ursache aller Dinge. *Louis Pasteur*	Die Wahrheit ist Gott. *Mahatma Gandhi*
Gott ist wesensgleich mit der naturgesetzlichen Macht. *Max Planck*	Gott ist eine grenzenlos überlegene Vernunft. *Albert Einstein*	Gott ist die zentrale Ordnung der Wirklichkeit. *Werner Heisenberg*

Abb. 18: Neun abstrakte Gottesbegriffe

Abstrakte Gottesbegriffe können oft sehr einfach formuliert werden, wie »Gott ist die Liebe«[88] oder auch »Die Wahrheit ist Gott«.[89] Diese Begriffe sind zwar nicht einer bildlichen Vorstellung zugänglich, aber gerade deshalb eignen sie sich, um Gott religionsübergreifend zu umschreiben und Brücken zwischen den Religionen zu schlagen. Doch damit gebe ich mich nicht zufrieden. Gibt es auch einen Gottesbegriff, mit dem sich Gläubige wie Ungläubige anfreunden können?

> *Gott ist Schöpfer und Schöpfung in einem.*

Ich bin mir durchaus bewusst, dass sich Gott nicht auf Begriffe reduzieren lässt. Dennoch muss ich eine Vorstellung von Gott haben, wenn ich – wie in diesem Buch – über Gott sprechen möchte. Die Formulierung »Schöpfer und Schöpfung in einem« trifft am besten, wie ich mir Gott vorstelle. Demnach ist Gott kein Schöpfer außerhalb des Geschehens, *sondern die Schöpfung organisiert sich selbst.* Dass solches wirklich möglich ist, zeigen viele selbstorganisierende Prozesse in der Physik und Biologie. Beispiele hierfür habe ich in den Abbildungen 6 und 7 gezeigt.

Weil wir Bilder meiden sollten, lässt sich von Gott am besten in Gleichnissen reden. Eines der schönsten Gleichnisse finden wir in der Bibel! Es steht im Johannes-Evangelium, und es ist zufällig mein Konfirmationsspruch: »Ich bin der Weinstock, ihr seid die Reben. Wer in mir bleibt und ich in ihm, der bringt viel Frucht; denn ohne mich könnt ihr nichts tun.«[90] Dieses Gleichnis hat eine klare Botschaft: Wenn wir uns Gott wie einen Weinstock vorstellen, dann entsprechen wir den Reben. Es gibt weder einen Weinstock ohne Reben, noch Reben ohne einen Weinstock. Aus dem Gleichnis folgt *nicht,* dass Gott ein eigenes Ich haben muss – oder erwarten

Sie etwa von Ihrem Arm, dass er Sie mit »du« anredet? Wie Sie und Ihr Arm ein Ganzes bilden, so sind auch der Weinstock und die Reben ein Ganzes. Nur als ein Ganzes bringen sie Früchte hervor.

Es zeichnet meinen Gottesbegriff aus, dass er sich personal *und* abstrakt auslegen lässt. Als Schöpfer ist Gott der Urheber von allem. Als Schöpfung steht Gott für ein kosmisches Prinzip wie die Liebe, die Wahrheit oder auch die »zentrale Ordnung«.[91] Unser Leben ist der beste Hinweis darauf, dass dieser Gott wirklich existiert. Selbst Ungläubige werden zustimmen, dass jede Zeugung ein *schöpferischer* Akt ist und dass jedes Lebewesen ein *Geschöpf* ist. Die offene Frage ist, ob wir bereit sind, Schöpfer und Schöpfung als Ganzheit zu begreifen und als »Gott« zu bezeichnen. Atome verbinden sich mit anderen Atomen zu Molekülen, Moleküle verbinden sich mit anderen Molekülen zu Zellen, Zellen verbinden sich mit anderen Zellen zu Organismen. Überall im Kosmos begegnen wir also der Bereitschaft, sich zu etwas Höherem zu verbinden. Die einzige Kraft, die so etwas ermöglicht, ist die Liebe. Gott ist der Motor der Schöpfung, und zugleich ist die Schöpfung der sich entfaltende Gott.

Doch das wichtigste Argument für meinen Gottesbegriff ist, dass selbst die schrecklichste menschliche Gewalt und die schlimmste Naturkatastrophe mit ihm *vereinbar* sind. Hier kommt die wichtigste Botschaft der Evolutionstheorie zum Tragen: Gott hat das Leben als ein Spiel um das Schöpfen von Liebe und Wissen konzipiert und spielt es durch uns. In den Regeln und Zufällen dieses Spieles offenbart sich Gott. Mit Naturgesetzen hat Gott Ordnung geschaffen, aber nur in Zufällen kann sich Gott *frei* entfalten, also Schöpfung sein. Zufälle können Negatives und Positives bewirken. Ohne sie könnten wir kein zufälliges Gewaltopfer werden, aber auch keine Glücksmomente erleben. Wie jedes Spiel von Regeln und Zufällen »lebt«, so lebt auch Gott. Denken Sie einfach an Ihr Lieblingsspiel: Ohne Regeln wäre es Chaos pur, ohne Zufall bräuchten wir es nicht zu spielen, weil ohnehin schon alles vorherbestimmt wäre. Zufall wurde am 11. September 2001, am 26. Dezember 2004, am 11. März 2009 und am 11. März 2011 vielen Menschen zum Verhängnis. Jeder von ihnen hatte im Leben zahlreiche Zufallsentscheidungen getroffen, die ihn am Ende zur falschen Zeit am falschen Ort sein ließen, wo das Grausame geschah.

Wer nun ausschließlich an einen personalen Gott glaubt, hat ein Problem, das selbst erfahrene Theologen kaum entschärfen können. Es ist die uns schon bekannte Theodizee-Frage: »Wo warst du, Gott?« Oder: »Warum hat Gott zugelassen, dass meine Tochter (mein Sohn, meine Mama, mein Papa) getötet wurden?« Die Theodizee-Frage lässt sich mit einem personalen Gott nicht beantworten. Solches gelingt jedoch, wenn wir unser Leben als ein Spiel begreifen, in dem sich Gott als Regel *und* Zufall offenbart. In diesem Spiel muss Gott keinen gewaltsamen Tod verhindern, weil nicht das Ich am wertvollsten ist, sondern sein Beitrag zum Jenseits. Was das Jenseits ist und woraus dieser Beitrag bestehen könnte, werde ich in Kürze erläutern.

Wer nicht an einen personalen Gott glaubt, weil er das naturwissenschaftliche Weltbild viel attraktiver findet, möge über einen reizvollen Gedanken des Quantenphysikers Erwin Schrödinger meditieren: »Der persönliche Gott kann in einem Weltbild nicht vorkommen, das nur zugänglich geworden ist um den Preis, dass man alles Persönliche daraus entfernt hat.«[92]

Ein einfacher Ewigkeitsbegriff

Was bedeutet Ewigkeit? Wenn ich diese Frage bei einem Vortrag zur Diskussion stelle, sind meine Zuhörer über ihre verschiedenen Antworten ebenso überrascht wie ich. Wenn wir die Vorschläge gemeinsam durchgehen, sehen wir, wie unscharf unsere Vorstellung von der Ewigkeit ist. Aber lesen Sie doch bitte selbst, wie Ihre Mitmenschen den Begriff definieren: 1) Ewigkeit bedeutet Zeitfülle oder »alle Zeit«. 2) Ewigkeit heißt Zeitlosigkeit oder »keine Zeit«. 3) Ewigkeit hat keine Bedeutung, weil sie gar nicht existiert.

Ich halte keine dieser Antworten für plausibel. Zeitfülle und Zeitlosigkeit setzen etwas voraus, was schon Albert Einstein als Illusion entlarvt hatte – die absolute Zeit. Wir erinnern uns: Etwas ist absolut, wenn es aus jeder Perspektive gleich ist. Zeit kann jeder Beobachter nur für sich definieren. Folglich existiert weder »alle Zeit« noch »keine Zeit«. Abgesehen davon würden wir bereits heute in der Ewigkeit leben, falls sie mit Zeitfülle gleichzusetzen wäre, weil auch heute ein Tag von aller Zeit ist. Selbst die Abschwächung »alle Zeit ab dem Tod« macht keinen Sinn, weil es dann unzählig viele Ewigkeiten mit individuellem Beginn gäbe. Zeitlosigkeit existiert nur ohne Zeit, also zu keiner Zeit, sprich nie. Dass die Ewigkeit nicht existiere, ist insofern keine schlüssige Antwort, als ich dies nicht sicher weiß. Ob es auch eine wissenschaftlich fundierte Antwort gibt? Ja, hier ist sie:

Ewigkeit ist die Perspektive,
aus der jede Distanz den Wert null hat.

Diese Antwort klingt kompliziert, ist es aber nicht, wenn wir die wichtigste Botschaft der Relativitätstheorie zu Rate ziehen. Räumliche und zeitliche Distanzen sind nur relativ, das heißt, sie lassen sich überwinden. Sobald sich Herr Einstein relativ zu Herrn Zweistein bewegt, sind ihre Vorstellungen von Meter und Sekunde nicht mehr dieselben. Wenn Einsteins Raumschiff mit Lichtgeschwindigkeit fliegen könnte, würde jede von Zweistein gemessene Distanz aus Einsteins Perspektive auf den Wert null schrumpfen. Für alles, was mit Lichtgeschwindigkeit unterwegs ist, hat jede räumliche und zeitliche Distanz den Wert null (siehe Abbildungen 19 und 20). Worauf sich dieses Wissen stützt, werde ich schon auf der nächsten Doppelseite erläutern. So, wie ich Ewigkeit definiere, existiert sie auch aus physikalischer Sicht – im Licht! *Ewigkeit ist die Perspektive des Lichts.*

Ich gebe zu, dass meine Definition von Ewigkeit sehr nüchtern klingt. Das muss sie auch sein, weil sich Ewigkeit und Entwicklung gegenseitig ausschließen, wie wir schon bald erkennen werden. Allerdings wäre es voreilig, daraus den Schluss zu ziehen, dass die Ewigkeit ohne jeden Inhalt sei. Christliche Ewigkeit und buddhistisches Nirvana sind enger beieinander, als wir vermuten: Sie stehen für »Distanzlosigkeit« beziehungsweise für »Ichlosigkeit«, aber nicht für das Nichts. Physikalisch betrachtet kann das Universum nie im Nichts enden, weil es sogenannte »Erhaltungsgrößen« wie die Energie gibt, deren Gesamtmenge in einem geschlossenen System konstant ist. Energie lässt sich weder gewinnen noch vernichten, sondern nur in andere Energieformen umwandeln. Nachfolgend werde ich den Begriff »Distanzlosigkeit« veranschaulichen und dessen Bedeutung für das Licht erschließen. Auf den religiösen Kontext der Ewigkeit werde ich in einem späteren Kapitel eingehen.

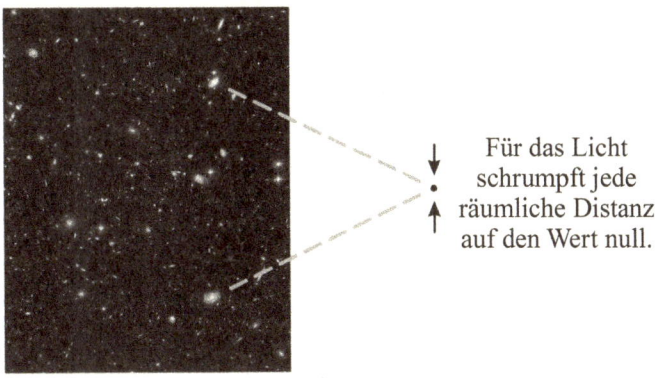

Für das Licht
schrumpft jede
räumliche Distanz
auf den Wert null.

Abb. 19: Räumliche Distanz und Ewigkeit

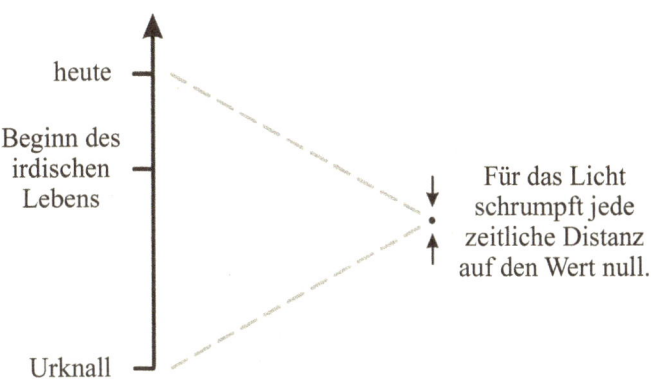

Für das Licht
schrumpft jede
zeitliche Distanz
auf den Wert null.

Abb. 20: Zeitliche Distanz und Ewigkeit

Woraus können wir eigentlich schließen, dass für das Licht jede Distanz den Wert null hat? Um diese zentrale Frage zu beantworten, wollen wir uns ein Experiment anschauen, das in nahezu jedem Lehrbuch der Physik diskutiert wird (siehe Abbildung 21): Sobald kosmische Strahlung 10 000 Meter

93

über dem Erdboden auf Luftmoleküle trifft, entstehen sogenannte »Myonen«. Das sind Teilchen mit einer Lebensdauer
von 2 Millionstel Sekunden. Obwohl sie mit beinahe Lichtgeschwindigkeit fliegen, können sie aufgrund ihrer kurzen
Lebensdauer nur maximal 600 Meter zurücklegen, bevor sie
zerfallen. Sie dürften also nie die Erdoberfläche erreichen.
Tatsächlich lassen sich aber viele Myonen auf der Erdoberfläche nachweisen, das heißt, sie haben es doch irgendwie
geschafft, 10 000 Meter der Erdatmosphäre zu durchqueren.
Des Rätsels Lösung liefert Einsteins Relativitätstheorie: Nur
aus der Perspektive der Erde hat so ein Myon 10 000 Meter
zurückgelegt. Aus der Perspektive des Myons ist es selbst *in
Ruhe,* und die Erde muss bloß 100 Meter fliegen, um das
Myon zu erreichen (siehe Abbildung 22). Hierbei wurde angenommen, dass die Relativgeschwindigkeit zwischen Erde
und Myon 99,995 Prozent der Lichtgeschwindigkeit beträgt.
Für das Myon sind die Erde und die Erdatmosphäre defor-
miert, weil nur die Distanzen in Flugrichtung schrumpfen.

Dementsprechend hat das Myon auch nur aus seiner eigenen
Perspektive eine Lebensdauer von 2 Millionstel Sekunden.
Aus der Perspektive der Erde lebt es ungefähr hundertmal
länger. Das reicht aus, um die Erdatmosphäre zu durchqueren! Somit sind die räumliche und die zeitliche Distanz aus
der Myon-Perspektive etwa hundertmal kürzer als aus der
Erde-Perspektive. Je schneller sich Erde und Myon relativ
zueinander bewegen, umso größer ist dieser Effekt. Wenn
wir nun die Relativgeschwindigkeit bis auf Lichtgeschwindigkeit extrapolieren, folgt: Für das Licht hat jede räumliche
und jede zeitliche Distanz den Wert null. Die Verallgemeine-
rung von »Distanz in Flugrichtung« auf »jede räumliche
Distanz« ist zulässig, weil ich das Licht nicht als Fluss von
Teilchen mit einer bestimmten Flugrichtung betrachte, son-

dern als eine dreidimensionale Ganzheit. Aus allen Raum-
richtungen trifft Licht auf den Planeten Erde. Für das Licht
als Ganzes schrumpft die Erde samt seiner Atmosphäre auf
einen Punkt zusammen.

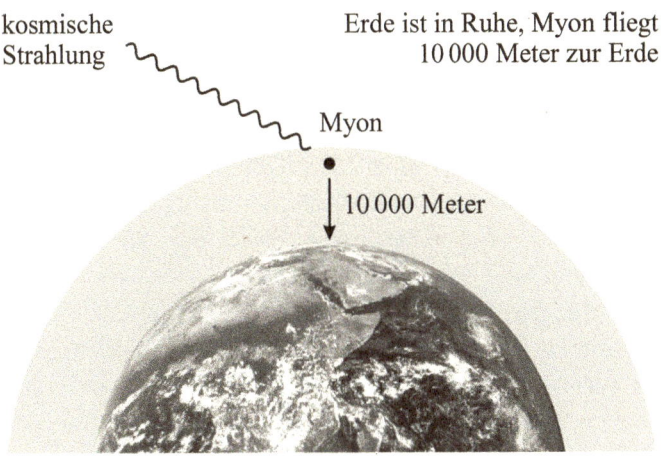

Abb. 21: Gemessene Distanz aus der Erde-Perspektive

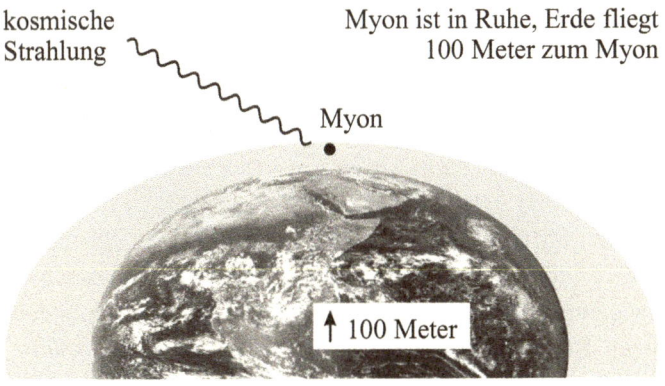

Abb. 22: Gemessene Distanz aus der Myon-Perspektive

Viele Jahrzehnte haben sich die Physiker gestritten, ob das Licht den Teilchen oder den Wellen zuzuordnen sei. Klassisch betrachtet schließen sich beide Möglichkeiten gegenseitig aus, weil sich ein Teilchen zu einer bestimmten Zeit stets an einem bestimmten Ort befindet, eine Welle dagegen im Raum verteilt ist. Licht zeigt abhängig vom Experiment entweder Teilchen- oder Welleneigenschaften, aber niemals beide zugleich. Es entzieht sich demnach einer klassischen Beschreibung und ist weder ein Teilchen noch eine Welle, sondern ein Drittes – *alles Licht bildet eine Ganzheit.* Also ist es nicht korrekt, vom Wellenbild, vom Teilchenbild oder vom »Welle-Teilchen-Dualismus« des Lichts zu sprechen, auch wenn diese Bilder gerne zu seiner Veranschaulichung herangezogen werden.[93] Wir Physiker stellen uns selbst ein Bein, wenn wir dennoch von »Lichtteilchen« sprechen. Seit der Formulierung der Quantentheorie ist bekannt, dass einfarbiges Licht gar nicht aus Teilchen bestehen kann, weil es völlig unbestimmt in Raum und Zeit ist.

Licht hat etwas Magisches, weil es nur leuchtet, wenn es auf Materie trifft. Es ist jedoch nicht (be-)greifbar wie Materie. Licht ist uns immer einen Schritt voraus. Wenn wir Kerzen anzünden, ist Licht. Sobald wir blasen, ist das Licht wieder aus. Licht ist weder immer noch nie. Genauso ist die Ewigkeit – weder immer noch nie. Meine Definition von Ewigkeit besagt *nicht,* dass Zeit für das Licht zu einem bestimmten Zeitpunkt stehenbleibt. Im Gegenteil: Weil jede zeitliche Distanz für das Licht den Wert null hat, verstreicht unsere Zeit für das Licht sogar beliebig schnell! Darum bezeichnet Ewigkeit auch nicht einen Zustand, wie ich es noch in früheren Büchern formuliert hatte, sondern eine *Perspektive.* Mit diesem Clou lässt sich die Ewigkeit entschlüsseln! Was für uns viele Milliarden Jahre dauert, vergeht für das Licht in Nullkommanichts. Alles, was jemals im Universum geschieht, »passiert« für das Licht in einem einzigen Augenblick. Weil das Licht nur diesen einen Augenblick kennt, gibt es in ihm weder Vergangenheit noch Zukunft, sondern nur Gegenwart. Demnach bedeutet Ewigkeit, dass alles gegenwärtig ist. Alles, was jemals im Universum geschieht, ist im Licht präsent, also *gespeichert*. Nur die Gegenwart – das Jetzt – ist ohne Anfang und Ende!

Weil wir Menschen einen materiellen Körper haben, werden wir uns niemals mit Lichtgeschwindigkeit bewegen können. Physikalisch betrachtet wäre eine unendliche Energiemenge notwendig, um eine Masse bis auf diese Geschwindigkeit zu beschleunigen. Nur etwas Masseloses wie das Licht – oder vielleicht auch die Seele – kann sich mit Lichtgeschwindigkeit ausbreiten. Dennoch können wir einen Vorgeschmack auf das bekommen, was eine Seele erwartet, falls sie beim Sterben ins Licht eintaucht: Sie hätte dann Zugriff auf den gigantischen Lichtspeicher und wüsste somit alles – nichts bliebe ihr verborgen. Auf ihrem Weg dahin könnte sie ein gesamtes Menschenleben auf den Bruchteil einer Sekunde komprimieren – zur allumfassenden Lebensrückschau – und große Distanzen mit Leichtigkeit überwinden. Nahtoderfahrene haben diese »Seelenakrobatik« schon oft dokumentiert: »Viele Menschen rannten um den Unfallwagen herum, und jedes Mal, wenn ich den Blick auf eine bestimmte Person richtete, um herauszukriegen, was sie sich wohl so dachte, hatte ich ein Gefühl, als ob ich wie mit einem Zoomobjektiv dicht an sie heranfahren könnte, und schon war ich genau an der jeweiligen Stelle. Mir kam es in dem Augenblick so vor, als ob ich überall in der Welt, wo immer auch etwas passieren mochte, zugegen sein könnte.«[94] Die hier beschriebene, massive Bewusstseinserweiterung kann nicht auf einer visuellen Wahrnehmung beruhen, weil ein Sterbender auch bei geschlossenen Augen weiß, was in der Nähe oder in weiter Entfernung geschieht. Ich denke, dass sich das Bewusstsein einfach durch die Ausbreitung der Seele erweitert. Je größer die von der Seele überwundenen Distanzen sind, umso mehr ist für den Sterbenden präsent.

Gelegentlich wird mir vorgehalten, dass etwas Masseloses nicht beschleunigt werden könne, weil es stets mit Lichtgeschwindigkeit fliegen müsse. Dieser Einwand ist physikalisch nicht korrekt, weil keine Theorie die Beschleunigung eines masselosen Objekts grundsätzlich verbietet. Wahr ist nur, dass bis heute kein solches Objekt beobachtet wurde. Auch die Seele ist noch nicht experimentell nachgewiesen worden. Daraus lässt sich aber keineswegs schlussfolgern, dass sie nicht existiere.

Können Sie nun nachvollziehen, warum ich an meiner recht ungewöhnlichen Definition von Ewigkeit festhalte? Sie ist gleich in dreifacher Hinsicht plausibel: 1) Diese Perspektive ist nicht hypothetisch, sondern real – sie existiert im Licht. 2) Wenn sich ein Teil von uns beim Sterben dieser Perspektive annähert, sind der dabei erlebte Tunnel und die massive Bewusstseinserweiterung mit dem Überwinden von Distanzen erklärbar. 3) Diese Perspektive setzt keine spekulative Zusatzdimension voraus. Eine Ewigkeit in höheren Dimensionen halte ich für äußerst unattraktiv. Es ist viel schöner, die Ewigkeit *mitten unter uns* zu haben – im Licht! Meine Definition von Ewigkeit vermag aber noch etwas wirklich Besonderes zu leisten: In ihr reichen sich nämlich Physik, Sterbeforschung und Religion die Hand, wie die folgenden Kapitel zeigen werden.

Ein einfacher Seelenbegriff

»Freudestrahlend wird Geraldine jeden Morgen vor ihrem Zuhause von Wanda empfangen. Sie schreiten dann nebeneinander auf die Wiese und verbringen den Tag im Grünen. Wenn es dunkel wird, begleitet Wanda ihre Freundin wieder nach Hause.« Jedes Jahr sind meine Familie und ich zu Gast auf einem idyllischen Bauernhof im Schwarzwald. Einmal waren wir selbst Zeugen des amüsanten Schauspiels, denn sowohl Geraldine als auch Wanda haben jeweils *vier* Beine, und ihr Zuhause ist ein *Stall:* Geraldine ist eine Kuh, Wanda eine Ziege. Dass ich mein Seelenkapitel mit dieser Anekdote beginne, hat einen einfachen Grund: Nicht nur Zweibeiner sind liebesfähig, auch unsere vierbeinigen Verwandten empfinden so etwas Wunderschönes wie Geborgenheit und Zuneigung. Geraldine und Wanda machen uns unmissverständlich klar, dass Tiere bewusst fühlen können.

Aber können Tiere auch bewusst lernen und eine Handlung planen? Unserem Bauern fällt hierzu eine zweite Anekdote ein: »Mein Nachbar wollte mir vor kurzem zeigen, wie groß eine seiner Kartoffeln gewachsen war. Er legte sie oben auf einen hölzernen Zaunpflock, damit sie mir beim morgendlichen Austrieb der Kuhherde sofort ins Auge fallen sollte. Ich war aber nicht der Einzige, der auf das Prachtexemplar aufmerksam wurde. Auch die Kuh Gisela musste sich wohl den Anblick eingeprägt haben, denn am Abend flitzte sie als erste von der Weide, obwohl sie sonst immer die letzte war. Auf dem Rückweg zum Stall schnappte sie sich die Kartoffel und verspeiste sie.« Folglich ist die Kartoffel vom Morgen bis zum Abend in Giselas Bewusstsein geblieben, und sie musste auf der Weide den Plan gefasst haben, sich den Leckerbissen später einzuverleiben. Gisela hat also bewusst gelernt, geplant und den Plan auch noch ausgeführt.

Beide Anekdoten lassen keinen Zweifel, dass Tiere bewusst fühlen und lernen können. Sogar Pflanzen sind in der Lage, zu fühlen und zu lernen – nicht bewusst, sondern unbewusst oder instinktiv –, obwohl wir ihnen das oft nicht zugestehen wollen. Junge Sonnenblumen fühlen, aus welcher Richtung die Sonne scheint, und sie richten ihren Blütenstand instinktiv zur Sonne aus, um möglichst viel Licht abzubekommen. Wenn mehrere junge Sonnenblumen nebeneinander stehen, blicken sie stets in dieselbe Richtung. Zeitrafferaufnahmen belegen, dass eine junge Sonnenblume tagsüber mit ihrem Blütenstand dem Lauf der Sonne folgt und ihn nachts nach Osten zurückdreht.[95] Möglich wird die instinktive Drehung durch den Stoff *Auxin,* der die Blume auf der Schattenseite stärker wachsen lässt. Nur die älteren Exemplare orientieren ihre Blüten dauerhaft zur östlich aufgehenden Sonne, weil ihre Beweglichkeit mit zunehmender Reife nachlässt.

Menschen, Tiere und Pflanzen können demnach fühlen und lernen. Gut und schön, aber was hat das alles mit der Seele zu tun? Sehr viel, und Monique, die mit 31 Jahren aufgrund einer Kaiserschnittkomplikation eine umfangreiche Nahtoderfahrung hatte, wird uns jetzt diesen Zusammenhang verraten. Sie sah ein Licht: »Das Funkeln bestand aus wunderbaren kleinen Lichtkügelchen, so hell, so leicht und mit nichts Irdischem vergleichbar. Ich fühlte, dass ich mit jedem kleinen Licht (Teilchen, Wesen, Bewusstsein, Seele, wie man es auch bezeichnete) mitfahren oder mitschweben könnte. Ich brauchte nur ›einzusteigen‹ … Ich erkannte, dass viele der Teilchen zu Menschen gehörten, die ich auf Erden gekannt hatte, sogar zu Menschen, die vor meiner eigenen Geburt gestorben waren wie mein kleiner Bruder. Aber was ich wiedererkannte, war nicht der komplette Mensch … nur ihre wertvollsten und intensivsten Teile. Vielleicht glichen sie auch deshalb Bestandteilen eines großen Ganzen. Alle Teilchen besaßen Wissen, auf jede meiner Fragen wussten sie eine Antwort … Dieser Moment ewiger Allwissenheit lässt sich nicht in Worte fassen. Die Welle der Liebe und die Informationsexplosion waren überwältigend. Ich erhielt mehr Antworten, als ich je Fragen gehabt hatte. Eigentlich waren es keine Antworten, sondern ein allumfassendes Eins-Sein und Zusammen-Sein universalen Wissens.«[96]

Monique berichtet von ihrem Gefühl, in das Licht »einzusteigen« – poetischer lässt sich die Beschleunigung bis auf Lichtgeschwindigkeit kaum beschreiben. Und sie spricht im Zusammenhang mit unseren wertvollsten Teilen von »Liebe« und »Wissen«. Sie ist damit nicht die Einzige. Auch der Sterbeforscher Raymond Moody weist darauf hin, dass wir alle spätestens beim Sterben erkennen werden, was im Leben wirklich zählt – andere lieben zu lernen und Wissen zu erwerben.[97] Weil ich die Seele für den wertvollsten Teil jedes Lebewesens halte, setze ich sie folgerichtig mit seiner gefühlten Liebe und seinem gelernten Wissen gleich. Damit schließt sich der Kreis zu Geraldine und Wanda und Gisela, denn sie können fühlen und lernen, das heißt, sie verfügen über eine Seele. Alles, was fühlen und lernen kann, ist beseelt. Indem wir Liebe fühlen und Wissen lernen, füllen wir unsere Seelen mit Inhalt.

Meine Seele ist alles,
was ich jemals liebe und weiß.

Bis hier passen alle Puzzleteile schön zusammen, doch nun stelle ich eine heikle Frage, an der fast meine ganze Theorie zerbrochen wäre: »Darf ich Tiere und Pflanzen essen, wenn sie eine Seele haben?« Mit dieser Frage provoziere ich mich selbst. Zugleich zeigt sie an, wie ernst es mir damit ist, alles kritisch zu hinterfragen. In seinem Buch *Wer bin ich und wenn ja, wie viele?* beschränkt der Philosoph Richard David Precht diese Frage auf Tiere und stellt ernüchtert fest, dass die Argumente gegen das Fleischessen besser und einleuchtender seien als die Argumente dafür.[98] Er begründet seinen Standpunkt vor allem damit, dass auch Tiere zu Freude und Leid fähig sind. Mit dieser Begründung trifft er den wunden Punkt eines jeden Lebewesens – sein Gefühl. Wenn ich ein Tier töte, um es zu essen, muss ich ihm Leid zufügen. Das allein schreckt viele Menschen ab, Fleisch zu essen. Gleichwohl bekommen die meisten von uns gar nichts mehr vom Leid der geschlachteten Tiere mit, weil wir die Currywurst hygienisch eingeschweißt im Supermarkt um die Ecke kaufen können. Denken Sie noch an ein lebendiges Huhn, wenn Sie in einen Chicken-Burger beißen, der mit Gurken, Tomaten und Barbecue-Sauce belegt ist? Doch damit nicht genug. Das dem Tier zugefügte Leid kann ich nie mehr gutmachen. Nur weil ich Hunger habe, wird das getötete Tier nie wieder fühlen und lernen dürfen. Und schon stecke ich mittendrin in dem Dilemma, denn auch ich esse gerne »Schniposa« – paniertes Schnitzel mit knusprigen Pommes und knackigem Salat (siehe Abbildung 23).

Nicht nur mein Schnitzel wird brenzlig. Sie ahnen es wohl schon? Gilt in der Natur also doch nur das Recht des Stärkeren? Sind alle Gedanken in Bezug auf Gott und die Ewigkeit für die Katz'? Ist die Seele am Ende doch nicht mehr als ein Konstrukt der Fantasie? Oder kann ich meine Theorie retten, indem ich den Tieren eine Seele zugestehe, den Pflanzen aber nicht? Denn selbst wenn ich auf das Schnitzel verzichte, müsste ich noch unschuldige Pflanzen vom Acker rupfen – Kartoffeln für die Pommes und sogar einen Kopf … Salat!

Abb. 23: Schnitzel mit Pommes und Salat

Spätestens jetzt meldet sich mein Gefühl und sagt mir, dass diese künstliche Grenze zwischen Tier und Pflanze letztendlich doch nur ein fauler Kompromiss wäre. Natürlich sind Pflanzen einfacher strukturiert als Tiere und Menschen, aber auch sie bestehen aus stoffwechselnden Zellen und ererbten Genen. Pflanzen brüllen zwar nicht, wenn ihnen Leid zugefügt wird, aber sie zeigen ihren Schmerz auf andere Weise. Wer es vergisst, seine Pflanzen zu gießen, weiß genau, wovon ich spreche. Eine Theorie, die lediglich den komplexen Lebewesen wie Tieren und Menschen eine Seele zugesteht, halte ich nicht für in sich schlüssig. Die Evolution vollzieht sich schleichend vom Einzeller zum mehrzelligen Organismus. Es wäre nicht nachvollziehbar, wenn die Lebewesen erst ab der tausendsten Zelle eine Seele besäßen. *Entweder ist jedes Lebewesen beseelt oder keines.* Sollte ich also auch noch auf die Pommes und den Salat verzichten?

Wir können uns heute durchaus gesund ernähren, ohne dass Tiere und Pflanzen leiden müssen. Diese *vegane Ernährung* besteht aus ballaststoffreichem Getreide, eiweißhaltigen Pilzen und vitaminbombigen Früchten.[99] Solche Nahrungsmittel sind erlaubt, weil der Getreidehalm bereits bei der Ernte abgestorben ist und weil Pilze und Früchte nur Fruchtkörper eines weiterlebenden Gewächses sind. Allerdings sind einige Menschen gegen diese Nahrungsmittel allergisch. Selbst wenn ich davon leben könnte, muss die Frage erlaubt sein, ob ich mich ausschließlich so ernähren möchte. Will ich ein Leben lang auf meine heiß geliebten Pommes mit Ketchup verzichten? Viele Menschen denken nicht über solche Fragen nach, sondern verschlingen ihre Mahlzeit zwischen Tür und Angel. Andere sind froh, wenn sie überhaupt etwas zu essen haben. Wer macht sich beim Essen noch bewusst, wie kostbar jedes einzelne Lebewesen ist? Wir brauchen mehr von der Mentalität des Buddhisten Thich Nhat Hanh, der die Pflanzen bittet, mit in seinen Garten zu kommen.[100]

Gewiss ist das Töten von Tieren und Pflanzen nicht in gleicher Weise zu verurteilen wie die Anschläge auf Menschen, die von Attentätern oder Amokläufern verübt werden. Aber warum ist das so? Wieso glauben wir, dass ein Menschenleben mehr zählt als ein Tier- oder Pflanzenleben? Und weshalb lässt die Natur überhaupt das Töten zu? Hätte die Welt nicht auch derart beschaffen sein können, dass es den Tod gar nicht gibt? Um Antworten auf diese Fragen zu finden, sollten wir nach Anlässen suchen, zu denen sich Tiere und Pflanzen in der freien Natur gegenseitig umbringen, ohne dass ein Mensch eingreift. Solche Grausamkeiten geschehen ganz selten nur aus Jux und Tollerei. Kein Tier käme auf die Idee, Tausende seiner Artgenossen in die Luft zu sprengen! Tiere oder Pflanzen werden dann zu »Mördern«, wenn sie sich und ihren Nachkommen das Überleben sichern wollen. Sie scheren sich nicht um menschliche Moral, sondern tun instinktiv das, was ein Überleben ihrer Art wahrscheinlicher macht. Weder Attentäter noch Amokläufer handeln aus dem Motiv heraus, das Überleben der Menschheit zu sichern. Im Gegenteil: Mit ihrem perversen Morden bedrohen sie die eigene Art. Das ist es! Das Töten von Tieren und Pflanzen ist dann legitim, wenn es nicht aus ideologischen Motiven geschieht, sondern aufgrund des nachvollziehbaren Wunsches, selbst zu überleben. So wird zugleich das Fortschreiten der Evolution sichergestellt. Demnach darf ich einen Menschen bloß dann töten, wenn er mich derart angreift, dass ich um mein eigenes Leben fürchten muss. Darauf beruht auch die Verteidigungspolitik vieler Nationen.

Also darf ich Tiere und Pflanzen essen, um zu überleben. Es ist aber nicht unerheblich, wie ich das tue. Den Verzehr von Tieren und Pflanzen halte ich für vertretbar, solange diese Lebensmittel aus einem nachhaltigen Umgang mit der Natur gewonnen werden. Legebatterien und Masthaltung lehne ich ebenso ab wie eine Überfischung, Überdüngung und Überrodung. Im Umgang mit der Natur zeigt sich die Ehrfurcht vor dem Leben. Deshalb räume ich den Essgewohnheiten relativ viel Platz ein. Gehen wir bewusst und respektvoll mit Lebensmitteln um, oder gebrauchen wir sie zu leichtfertig? Es bestürzt mich zu sehen, wie manche Menschen an einem Buffet ihre Teller vollladen, um dann nur die Hälfte davon zu essen. Setze ich mich für das Wohl unserer Gemeinschaft ein, oder nehme ich mehr von ihr, als ich ihr jemals zurückgeben kann? Wenn jeder immer nur nimmt, wird sich das Aussterben der Tier- und Pflanzenarten weiter verschärfen, bis auch die Menschheit irgendwann Geschichte sein wird. Die Frage nach den Essgewohnheiten ist so essenziell, dass sie sich sogar in den Religionen niederschlägt: Juden dürfen nur koschere Lebensmittel essen. Für Muslime sind Schweine und alle Tiere tabu, die nicht nach islamischen Vorschriften geschlachtet werden. Viele Buddhisten und Hindus sind Vegetarier, weil sie Tieren kein Leid zufügen wollen. Ausgerechnet die Christen dürfen außerhalb der Fastenzeit alle Tiere essen, obwohl sie sich doch das Gebot der Nächstenliebe auf die Brust geschrieben haben.

Verzehren Christen ihre Hühnerbrust mit Haut und Seele? Natürlich nicht, denn die Seele hat – wie zuvor erläutert – nichts mit dem Körper des Huhns zu tun, sondern besteht aus seiner gefühlten Liebe und seinem gelernten Wissen. Weil die Seele immateriell ist, kann sie sogar unabhängig vom Körper existieren, folglich auch noch nach dessen Tod. Die Seele selbst kann aber weder fühlen noch lernen, denn für das Fühlen und Lernen brauchen wir materielle Sinnesorgane und Nervenzellen, also unseren Körper. In den westlichen Kulturen wird oft angenommen, dass die unsterbliche Seele – falls sie existiert – eine Individualseele sein müsse. Dabei handelt es sich um eine Seele mit einem Ich. Meines Erachtens ist uns der Buddhismus in dieser Hinsicht einen großen Schritt voraus: *Die Seele könnte nämlich durchaus ichlos sein* – ähnlich wie ein Buch, in dem alles steht, was ich in meinem Leben geliebt und gewusst habe. Ein Buch existiert auch dann noch, wenn sein Autor längst gestorben ist. Alle Seelenbücher bilden zusammen eine riesige Bibliothek. Schon im Kapitel über die Evolutionstheorie betonte ich, dass sich alle Lebewesen gegenseitig brauchen, um ein Gesamtkunstwerk entstehen zu lassen. Dieses Meisterstück, eine Bibliothek bestehend aus allen Seelen, wird Thema des nächsten Kapitels sein. Ich nenne es »das Jenseits«.

Ein einfacher Jenseitsbegriff

Die Begriffe »Diesseits« und »Jenseits« stellen die Existenz zweier Welten in Aussicht, die durch den Tod voneinander getrennt seien. Ist diese Aufteilung rational begründbar oder entspringt sie nur dem persönlichen Wunsch, unsterblich zu sein? Kann das Jenseits eine Welt sein, die sich außerhalb des Diesseits befindet oder auf das Diesseits folgt? Bevor wir darauf antworten, sollten wir uns verständigen, was wir unter diesen Begriffen verstehen wollen. Das Diesseits sei das Universum, in dem wir leben. Das Jenseits möge alles umfassen, was nach dem Sterben von uns bleibt.

Erinnern wir uns nun an die wichtigste Botschaft der Relativitätstheorie: Absoluter Raum und absolute Zeit sind zwei Illusionen. Darum existiert weder ein umrandeter Weltraum, außerhalb dessen ein Jenseits liegen könnte, noch eine begrenzte Weltzeit, nach deren Ablauf ein Jenseits beginnen könnte. Somit ist das Jenseits keine Welt, in der wir nach dem Sterben ähnlich weiterleben könnten wie im Diesseits. Grundsätzlich ist es denkbar, dass sich das Jenseits in einer höheren Dimension abspielt. Einige Physiker statten bereits das Diesseits mit bis zu elf verschiedenen Dimensionen aus, in der Hoffnung, die Welt mit diesem Kunstgriff erklären zu können.[101] Falls es so etwas wie eine Weltformel gibt, wird sie sich aber kaum durch zusätzliche Dimensionen erschließen lassen, sondern eher durch einen Blick auf das Dimensionsunabhängige. Ein schönes Beispiel hierfür sind *Naturkonstanten,* die unabhängig von Raum und Zeit überall und immer denselben Wert haben. Die Annahme von versteckten Dimensionen halte ich für sehr problematisch und spekulativ, zumal es auch keine absolute Raum- oder absolute Zeitdimension gibt. Es existieren bloß Distanzen, *und jede Distanz trennt:* Dort von Hier, Dann von Jetzt. Ein Jenseits, in dem Trennung möglich ist, wäre meines Erachtens nicht vollkommen. Etwas ist vollkommen, wenn es das Bestmögliche ist. Vollkommenheit ist ein Qualitätsmerkmal, an das ich in Bezug auf das Jenseits ganz fest glaube. Nur wenn im Jenseits alle Distanzen überwunden sind, ist es für mich die Vollkommenheit schlechthin. Genau das trifft zu, wenn das Jenseits über eine spezielle Perspektive verfügt, die ich als »Ewigkeit« bezeichnet habe. Nur dann hat jede Distanz den Wert null, so dass jede Trennung entfällt.

Jetzt bietet es sich an, auf den religiösen Kontext der Ewigkeit einzugehen. Was bedeutet es denn, wenn für das Licht jede Distanz den Wert null hat? Räumliche Distanzlosigkeit bedeutet »unmittelbare Nähe zu allem« – der Inbegriff von *Verbundenheit oder Liebe.* Zeitliche Distanzlosigkeit bedeutet »unmittelbare Gegenwart von allem« – der Inbegriff von *Wahrheit oder Wissen.* Wenn für das Licht jede räumliche und jede zeitliche Distanz den Wert null hat, ist es allliebend und allwissend! Ich hatte bereits angedeutet, dass das Licht ein gigantischer Speicher von allem sei, was jemals im Universum geschieht. Nun können wir den Speicherinhalt vervollständigen: Das Licht ist nicht nur ein Speicher von allem Wissen, sondern auch von aller Liebe. In meinen früheren Werken habe ich die Begriffe »Licht« und »Gott« oft synonym verwendet. Heute setze ich das Licht mit dem Jenseits gleich und bezeichne dessen Perspektive bezüglich Raum und Zeit als »Ewigkeit«. Sie erkennen daran meinen eigenen Reifeprozess. Reifen ist menschlich und bringt uns der Wahrheit näher als ein Dogma, das nie hinterfragt werden darf. Es könnte kaum besser passen: 1) Raum und Zeit sind die Grundstrukturen des Diesseits. 2) Räumliche Distanz ermöglicht ein Gegenüber, also das Fühlen von Liebe; zeitliche Distanz ermöglicht ein Nacheinander, also das Lernen von Wissen. 3) Die jenseitige Perspektive ist die Ewigkeit, das heißt, jede räumliche und jede zeitliche Distanz hat den Wert null. Im Jenseits – also im Licht – sind alle Liebe und alles Wissen gespeichert. Darum stehen diese Werte im Mittelpunkt vieler Religionen und Nahtoderfahrungen. Sie sind die höchsten Werte, die uns das Leben zu bieten hat.

Nun wird auch klar, weshalb sich Physik, Sterbeforschung und Religion die Hand reichen, wenn wir Distanzlosigkeit mit Ewigkeit gleichsetzen: 1) Physikalisch existiert Distanzlosigkeit tatsächlich – jedoch nur im Licht. 2) Für Sterbende spielen Distanzen keine Rolle mehr – während der Lebensrückschau erleben sie verschiedene Stationen ihres Lebens weder räumlich noch zeitlich getrennt voneinander, sondern als ein Ganzes. 3) In nahezu allen Religionen hat das Licht eine transzendente Qualität – beispielsweise bezeichnet sich Christus selbst als »das Licht der Welt«.[102]

Außerdem lässt sich jetzt nachvollziehen, weshalb ich fest davon überzeugt bin, dass unsere Seelen ins Licht eintauchen, wenn wir sterben. Eigentlich ist es ganz einfach: Die Seele eines Lebewesens besteht aus *seiner* gefühlten Liebe und *seinem* gelernten Wissen. Wenn alle Seelen ins Licht eintauchen, besteht das Jenseits aus *aller* Liebe und *allem* Wissen. Gott hat das Jenseits so raffiniert konzipiert, dass alle Lebewesen es mit Inhalt füllen.

Das Jenseits besteht aus allen Seelen,
also aus aller Liebe und allem Wissen.

Oft werde ich gefragt, wieso ich dem Jenseits alle Liebe und alles Wissen zuschreibe, aber weder Hass noch Unwissenheit. Meine Antwort besteht aus drei Absätzen:

Wenn jede räumliche Distanz den Wert null hat, wird jedes Gegenüber zum Selbst, und wenn alles das Selbst ist, gibt es keinen Hass mehr. Hass setzt nämlich stets eine räumliche Trennung des Hassenden vom Gehassten voraus. Liebe ist anders: Sie trennt den Liebenden nicht vom Geliebten, sondern macht ein Ganzes aus ihnen. *Liebe ist Verbundenheit. Hass ist nur ein Mangel an Liebe.*

Entsprechend gilt: Wenn jede zeitliche Distanz den Wert null hat, wird jedes Nacheinander zur Gegenwart, und wenn alles gegenwärtig ist, gibt es keine Unwissenheit mehr. Unwissenheit setzt nämlich stets eine zeitliche Trennung des Unwissenden vom Gewussten voraus. Wissen ist anders: Es trennt den Wissenden nicht vom Gewussten, sondern macht ein Ganzes aus ihnen. (Der letzte Satz verrät das Geheimnis, warum wir die Natur nicht als unbeteiligte Zuschauer beobachten können!) *Wissen ist Wahrheit. Unwissenheit ist nur ein Mangel an Wissen.*

Damit kennen wir den Grund, weshalb es im Jenseits weder Hass noch Unwissenheit gibt: Hass und Unwissenheit setzen beide eine Trennung voraus, die in der Distanzlosigkeit nicht möglich ist. Bitte beachten Sie die makellose Analogie zwischen Liebe und Wissen!

Meine Theorie möchte ich mit einem Gedankenexperiment veranschaulichen (siehe Abbildung 24): Stellen Sie sich vor, dass Sie mit einem riesigen Fernrohr in den Sternenhimmel schauen. Ein solcher Stern sei genau 25 Lichtjahre entfernt, das heißt, sein Licht benötigt exakt 25 Jahre bis zu uns. Auf diesem Stern befinde sich ein großer Spiegel, der so ausgerichtet sei, dass er das Licht von der Erde zur Erde zurückreflektiert. Wenn Sie nun mit Ihrem Fernrohr diesen Spiegel ins Visier nehmen, sehen Sie Lichtstrahlen, die vor 50 Jahren unsere Erde verlassen haben. Auf dem Hin- und Rückweg zu dem Stern war das Licht nämlich jeweils 25 Jahre unterwegs. Weil meine Eltern vor ziemlich genau 50 Jahren geheiratet haben, können Sie also mit Ihrem Fernrohr deren Hochzeit heute noch miterleben. Die Pointe an diesem Gedankenexperiment ist, dass Sie durch Ihr Fernrohr weder ein Hochzeitsfoto noch eine Videoübertragung sehen. Wie gute Freunde stehen meine Eltern Ihnen *live* gegenüber, obwohl sie aus irdischer Perspektive leider bereits verstorben sind. Ungewöhnlich ist nur, dass Sie meine Eltern nicht aus einer Distanz von fünf oder zehn Metern beobachten, sondern aus einer Distanz von 50 Lichtjahren.

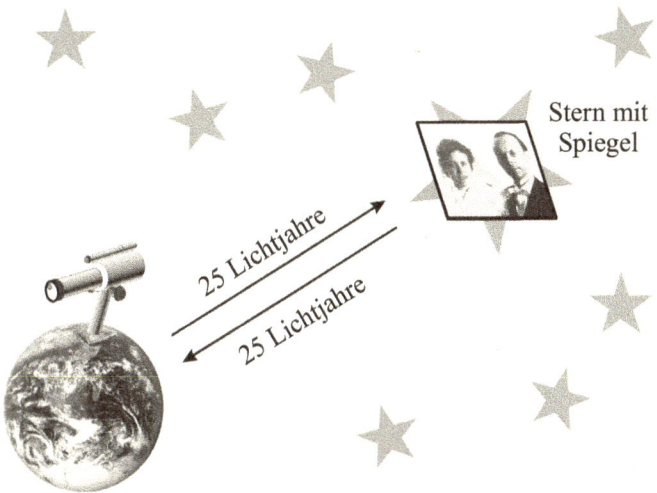

Abb. 24: Gedankenexperiment

Dass wir ein solches Fernrohr und einen derartigen Spiegel wohl niemals bauen können, spielt für das Gedankenexperiment keine Rolle. Es geht allein um das Prinzip: Obwohl meine Eltern aus irdischer Perspektive nicht mehr am Leben sind, ist ihre Liebe zueinander nicht ausgelöscht. Wenn wir über die entsprechende Technik verfügten, könnten wir ihre Liebe heute noch *live* nachvollziehen. Das Speichermedium für die Liebe ist das Licht! Das Licht hat die Liebe meiner Eltern gespeichert und überträgt sie ins gesamte Universum. In ähnlicher Weise speichert das Licht Informationen aus aller Welt und fungiert hierbei als ein Wissensspeicher. Das Jenseits, das ich mit dem Licht gleichsetze, ist ein gigantischer *Liebes- und Wissensspeicher.* Auch der Quantenphysiker Hans-Peter Dürr glaubt an die Existenz eines solchen Speichers: »Wenn ich mir also vorstelle, dass ich während meines diesseitigen Lebens nicht nur meine eigene kleine Festplatte beschrieben habe, sondern immer auch etwas in diesen geistigen Quantenfeldern abgespeichert habe, gewissermaßen im großen Internet der Wirklichkeit, dann geht dies ja mit meinem körperlichen Tod nicht verloren.«[103]

Am Ende des letzten Kapitels hatte ich das Jenseits als eine riesige Bibliothek bezeichnet. Nun ist ersichtlich, was mich zu diesem Vergleich motiviert hat: Jedes Lebewesen ist zugleich der Autor eines Buches – seiner Seele. In der Summe ergeben alle Bücher eine Bibliothek – das Jenseits. Die Bibliothek ist insofern ein passender Vergleich für das Jenseits, als ihre Bücher von *vielen* Autoren geschrieben werden und sie dennoch in ihrer Ganzheit als *ein* kollektiver Speicher verstanden werden kann – als *das* Tagebuch der Schöpfung. Dem Vergleich liegt also dieselbe Erkenntnis zugrunde, die wir schon mehrfach in Bezug auf das Licht gewonnen hatten: Alles Licht bildet zusammen eine Ganzheit.

Wenn das Jenseits aus aller jemals gefühlten Liebe und aus allem jemals gelernten Wissen besteht, ist es vollkommen, das heißt das Bestmögliche. Bitte machen Sie sich bewusst, dass Vollkommenheit zugleich das Ende jeder Entwicklung bedeutet. Der Grund liegt auf der Hand: Wenn etwas vollkommen ist, lässt es sich nicht noch vollkommener machen! Im vollkommenen Jenseits existiert also keine Entwicklung mehr. Es gibt nur *eine* Welt, in der sich etwas entwickeln kann – die unvollkommene Welt, in der wir leben. Folglich ist ein Jenseits, das aus Liebe und aus Wissen besteht, keine eigene Welt, die wir erleben könnten, sondern vielmehr das *Ergebnis* unseres Wirkens. Mit jeder Liebe, die wir fühlen, und mit jedem Wissen, das wir lernen, bereichern wir das Jenseits. Diese Vorstellung deckt sich mit der wichtigsten Botschaft der Sterbeforschung, dass Fühlen und Lernen der Sinn unseres Lebens sind. Deshalb ist es auch ganz einfach, seiner Seele einen Platz im Jenseits zu sichern: Sie brauchen nur jemanden in Ihre Arme zu nehmen – und schon tragen Sie zum Jenseits bei. Nutzen Sie diese Chance noch heute, aber versäumen Sie es bitte nicht, dabei zu fühlen!

Vielleicht sehen Sie einen Widerspruch darin, dass wir das Jenseits einerseits bereichern können, es sich aber andererseits nicht entwickeln kann. Der Widerspruch löst sich auf, wenn Sie begreifen, dass unsere Perspektive *nicht* identisch mit der jenseitigen Perspektive ist. Beide Perspektiven müssen strikt unterschieden werden! Für uns wächst das Jenseits mit jeder gefühlten Liebe und jedem gelernten Wissen, doch aus der jenseitigen Perspektive kann weder neue Liebe noch neues Wissen entstehen, weil das Jenseits schon alle Liebe und alles Wissen enthält. Eine andere Erkenntnis lautet ähnlich: Obwohl alles Wissen im Jenseits gespeichert ist, kann ich *nicht* daraus schlussfolgern, dass meine Zukunft vorherbestimmt sei. Aus meiner Perspektive ist das Jenseits noch Zukunft, und Zukunft ist immer offen. Aus der jenseitigen Perspektive gibt es nur Gegenwart, und alles ist präsent. So paradox es klingen mag: Dies ist kein Widerspruch, *weil die absolute Zeit eine Illusion ist.* Wenn sich also etwas Böses ereignet – wie ein Attentat, eine Naturkatastrophe oder ein Amoklauf –, dann war es nicht von Gott vorherbestimmt! Gott hat die Welt nicht so erschaffen, wie sie heute ist, sondern Regeln aufgestellt und Platz für Zufälle gelassen. Ich halte es für einen überaus befreienden Gedanken, Gott *nicht* so verstehen zu müssen, dass er oder es alles geplant hat, was in dieser Welt geschieht.

Wir haben jetzt einfache Begriffe für Gott, die Ewigkeit, die Seele und das Jenseits gefunden. Ich gestehe zu, dass mein Jenseitsbegriff ein wenig gewöhnungsbedürftig ist, aber er entspricht einer logischen Schnittmenge der Weltreligionen, vieler Nahtoderfahrungen und eines gesunden Menschenverstandes. Warum? 1) Weil sich jede Weltreligion um die Liebe oder um die Erleuchtung – also um das Wissen – oder um beides dreht. 2) Weil Sterbende oft einem sehr hellen Licht begegnen, das alle Liebe und alles Wissen ausstrahlt. 3) Weil ein Jenseits, das aus Liebe und Wissen besteht, die einfachste Erklärung dafür ist, dass materielle Werte keine Erfüllung bieten können.

Es gibt Fragen, die sich nicht erforschen lassen. Dazu zählt auch, ob es ein Leben nach dem Tod gibt oder nicht. Selbst die Sterbeforschung muss bei dieser Frage passen, weil eine Nahtoderfahrung keine *Nach*toderfahrung ist. Mit etwas Logik und einem Schuss Intuition lassen sich aber Antworten finden. Um diese soll es im folgenden Abschnitt gehen.

Ziel 4

Das Unerforschliche erkennen

Eine Leserin hat mich gefragt,
wie sie ihre Angst vor dem Tod verlieren könne.

Ich antwortete:
»Die Angst vor dem Tod verschwindet,
wenn Sie Ihre Liebe und Ihr Wissen
höher bewerten als sich selbst.«

Warum es kein Leben nach dem Tod geben kann

»Als ich dort in der Quelle nichts als wahrnahm, hatte ich auch keine Meinung. Ich hatte nicht einmal ein ›Ich‹. Meine Meinung war an mein Ego gebunden und mein Ego an meinen Körper. Ohne das alles gab es daher nur objektives Bewusstsein. Als ich mich wieder in meinem Körper befand, wurde es schwierig, alles in Worte zu fassen, und das lag nicht am Inhalt meiner Wahrnehmung. Ich frage mich oft, ob alles rein bleibt, wenn ich eine solche Erfahrung in Worte fasse, denn ich bin nun wieder in einem Körper und habe es mit Zeit, Erinnerungen und einem Ego zu tun.«[104]

So fasst Monique, der wir bereits im Kapitel über die Seele begegnet sind, das Ende ihrer Nahtoderfahrung zusammen. Sie drückt etwas aus, was mir viele Betroffene berichten, die ein sehr tiefes und vor allem positives Erlebnis hatten: Beim Sterben gibt es das Ich noch, aber je näher jemand zur Quelle des Lichts kommt, umso mehr löst sich sein Ich auf. Wenn wir diesen Gedanken extrapolieren, existiert das Ich im Tod gar nicht mehr. Hieraus lässt sich folgern, dass der Körper ein – im wahrsten Sinne des Wortes – *wesen*tlicher Bestandteil jedes Ichs ist.

Das Ich umfasst aber nicht nur seinen Körper, sondern auch seine gefühlte Liebe und sein gelerntes Wissen – also seine Seele. Hass und Unwissenheit sind keine Bestandteile, weil sie nur ein Mangel an Liebe beziehungsweise Wissen sind. Somit bestehe ich aus meinem Körper *und* (nicht oder!) aus meiner Seele. Das Wörtchen »und« hat enorme Konsequenzen: Weder gab es mich weder vor meiner Zeugung, noch wird es mich nach meinem Tod geben. Sobald mein Körper stirbt, bricht eine tragende Säule meines Ichs weg – ich löse mich auf. Vor 40 Jahren war ich noch ein Dreikäsehoch, der aus anderen Zellen bestand als mein heutiger Körper. Meine Seele hatte damals weniger Inhalt als heute. Seither haben sich mein Körper und meine Seele entwickelt und mit ihnen mein Ich. Daraus resultiert die bemerkenswerte Erkenntnis, dass ich nicht etwas Statisches bin, was Gott in meinen Körper einpflanzen und bei meinem Tod wieder zu sich nehmen könnte. Ich bin etwas Dynamisches – ein Prozess! Dass ich damals und heute derselbe sei, stimmt nur im Rahmen unserer Rechtsprechung.

Wenn das Ich nur mit der Seele identisch wäre, bräuchte das Diesseits überhaupt nicht zu existieren. *Welchen Sinn sollte der Körper haben, wenn ich auch ohne ihn bin?* Wenn das Ich nur mit dem Körper identisch wäre, gäbe es für Rudolfs Nahtoderfahrung keine wirklich schlüssige Erklärung: »Zunächst war alles verschwommen, doch dann hatte ich das Gefühl, ich würde an der Decke kleben. Unter mir sah ich zwei weiße Gestalten, die sich über einen Tisch beugten und auf den Bauch einer dritten Person einhämmerten. Es dauerte eine Weile, bis ich wusste, dass mein Körper auf diesem Tisch lag. Irgendwann rissen beide Gestalten ihre Arme in die Luft und umarmten sich. In diesem Moment hörte ich ein ganz hohes Summen und spürte mich wieder in meinem Körper. Aber es dauerte nicht lange, bis schon wieder alles schwarz wurde. Und dann war ich plötzlich in einem anderen Raum, wieder an der Decke, und sah, wie beide Gestalten Verkehr miteinander hatten … Als sich die eine Gestalt am Tag darauf als mein Arzt vorstellte, erzählte ich ihm von meinem Erlebnis. Darauf meinte er nur, dass unser Gehirn manchmal ›Streiche spielt‹, wenn das Leben auf der Kippe steht. Er muss aber mit der Krankenschwester darüber gesprochen haben, denn sie kam noch am gleichen Abend zu mir, bestätigte fassungslos alles, was ich gesehen hatte, und entschuldigte sich.«[105]

Vielleicht mögen Sie nicht glauben, was Rudolf widerfahren ist. Sie kennen ihn nicht und werden erst dann Gewissheit haben, wenn Sie selbst in eine vergleichbare Situation kommen. Bitte bedenken Sie aber, dass es heute sehr viele Berichte über außerkörperliche Erfahrungen gibt! Weshalb sollten die Betroffenen alle lügen? Die einfachste Erklärung für Rudolfs Erlebnis besteht darin, dass ein Teil von ihm – vielleicht seine Seele – seinen Körper verlassen konnte und während seiner Wiederbelebung mit neuem Wissen zurückgekehrt ist. Wie ich bereits erläutert habe, beruhen Nahtoderfahrungen nicht auf einer sinnlichen Wahrnehmung. Die Seele muss also nicht wirklich »mit Augen sehen« können. Für die Erklärung von Rudolfs Erlebnis reicht es aus, wenn sie während seiner Nahtoderfahrung Zugriff auf den Lichtspeicher hatte. Hierbei wird der Seele natürlich zuerst das zuteil, was sich in ihrer unmittelbaren Nähe befindet, weil sie gerade erst den Körper verlassen hat. Je weiter sie sich ausbreitet, umso größer wird ihr Wissenshorizont. Nahtoderfahrene berichten oft von unerwarteten Szenen, wie vom Staub auf Lampenschirmen,[106] vom Tennisschuh auf einem Fenstersims[107] oder – wie in Rudolfs Fall – von Menschen mitten im Geschlechtsakt. Das Bewusstwerden der Szenen wird aber erst durch die Wiederbelebung ermöglicht.

Die Wunschvorstellung vom Leben nach dem Tod ist wohl genauso alt wie die Menschheit – und so widersprüchlich wie unsere Vorstellungen von der Ewigkeit. Der bekannte Journalist Mathias Schreiber schreibt dazu in seinem Buch

Was von uns bleibt:[108] »Die Idee der Unsterblichkeit birgt viele Widersprüche in sich. Paradox war der Jenseitsglaube von Anfang an schon durch die Prägung ›Leben nach dem Tod‹, wo es doch den Tod ausmacht, nach dem Leben anzutreten, und zwar als ein Vernichter.« Das Hauptproblem bei jeder Diskussion über ein Leben nach dem Tod besteht darin, dass das Ich in den westlichen Kulturen einen viel zu hohen Stellenwert hat. Der Tod verliert seinen Schrecken, wenn ich begreife, dass meine Liebe und mein Wissen noch viel wertvoller sind als mein Ich. In diesem Gedanken lässt sich jede Menge Hoffnung und Trost finden. Mir hat er sehr geholfen, den Tod meiner beiden Eltern zu verarbeiten, weil ich nun die volle Bedeutung dessen erfasst habe, dass wir alle sterblich sind, dass jedoch unsere Liebe zueinander unsterblich ist. Mein Ich stirbt mit meinem Körper. Meine Liebe und mein Wissen gehen ins Jenseits ein.

Die Frage, ob es ein Leben nach dem Tod gibt oder nicht, lässt sich auch ohne die Kenntnis von Nahtoderfahrungen beantworten: Wie ich bereits ausgeführt habe, ist alles eine Frage der Perspektive. Auch die Ewigkeit ist eine Perspektive, die jedoch weder ein Gegenüber noch ein Nacheinander erlaubt. Wenn jede räumliche Distanz den Wert null hat, gibt es kein Gegenüber mehr, dem wir in die Augen schauen könnten. Wenn jede zeitliche Distanz den Wert null hat, gibt es kein Nacheinander mehr, während dessen sich Leben entwickeln könnte. Doch genau das macht unser Leben aus: Ein Lebewesen muss sich entwickeln und entfalten können, weil es sonst nicht lebendig wäre.

> *Es kann kein Leben nach dem Tod geben,*
> *weil die Ewigkeit keine Entwicklung zulässt.*

Zu dem gleichen Ergebnis kamen wir auch schon im letzten Kapitel, als wir feststellten, dass im vollkommenen Jenseits keine Entwicklung mehr existiert. Ein Jenseits, das bereits alle Liebe und alles Wissen umfasst, lässt kein Leben mehr zu. Oder könnten Sie sich ein Leben vorstellen, in dem Sie schon alles wissen? Meine zwei Argumente sind äquivalent, weil ich dem Jenseits die Ewigkeit als Perspektive zugrundegelegt habe. Erst sie macht das Jenseits vollkommen.

Anders als noch in meinem ersten Lucy-Buch glaube ich inzwischen nicht mehr an ein Leben nach dem Tod. Doch ich behaupte nicht, dass alles von uns vergänglich ist. Tatsächlich bin ich heute der Meinung, dass das Jenseits *viel mehr* ist als ein Leben nach dem Tod, weil es *alle* Liebe und *alles* Wissen umfasst! Um das einzusehen, muss ich mir aber erst eingestehen, dass alle Liebe und alles Wissen viel wertvoller sind als mein kleines, bescheidenes Ich. Als ich das begriffen hatte, verschwand meine Angst vor dem Tod. Angst entsteht nämlich dann, wenn ich mich vor etwas fürchte. Ich habe nichts mehr zu befürchten, weil ich nun weiß, dass das Wertvollste von mir bleibt – meine Seele. Nicht ich bin der Sinn meines Lebens, sondern ich gebe meinem Leben einen Sinn, auch wenn ich mir dabei oft selbst im Weg stehe!

Sobald ich meine Seele höher bewerte als mich selbst, wird ein besonderes Bonbon meiner Theorie offenbar: Im Leben kommt es nicht auf Quantität an, *sondern auf Qualität.* Wer eine Behinderung hat oder früh sterben muss, kann genauso gut (nicht genauso viel!) zum Jenseits beitragen wie andere. *Jedes noch so kurze Leben ist ein vollständiges Leben.* Das Leben besteht nicht aus einem möglichst prallen Bankkonto, sondern aus dem, was wir fühlen und lernen. Ein Baby kann bereits im Mutterleib hören.[109] Ich wünsche mir, dass es die

Liebe seiner Mutter auch dort schon spüren darf. Es ist der wohl größte Schock überhaupt, wenn zwei junge Eltern ihr Baby kurz nach seiner Geburt sterben sehen. Angelique, die Mutter von Sophie, schrieb mir hierzu den folgenden Brief: »Es ist für uns eine überaus tröstliche Vorstellung zu wissen, dass auch unsere kleine Sophie zum Ewigen beitragen durfte. Dieser Gedanke gibt uns mehr Kraft als die zermürbenden Fragen, ob sie nun im Himmel ist und ob es ihr dort gut geht. Ihre Bücher schenkten meinem Mann und mir das Leben zurück. Dafür danken wir Ihnen von Herzen.«[110]

Jetzt unterziehe ich meine Theorie nochmals einer schweren Prüfung. Ich bekenne mich zum Christentum, auch wenn es am Schluss des apostolischen Glaubensbekenntnisses heißt: »Ich glaube an den Heiligen Geist, die heilige christliche Kirche, Gemeinschaft der Heiligen, Vergebung der Sünden, Auferstehung der Toten und das ewige Leben. Amen.«[111] Kann ich ein Leben nach dem Tod ausschließen und gleichzeitig an das ewige Leben glauben? Ja, wenn ich darunter nicht verstehe, dass mein Ich unsterblich sei. Im Glaubensbekenntnis geht es nämlich nicht um *mein* ewiges Leben, sondern ausdrücklich um *das* ewige Leben. Für mich gibt es kein Leben nach dem Tod, aber nach meinem Tod ist noch Leben! Indes glaube ich nicht im Wortsinne an den Heiligen Geist, eine unfehlbare christliche Kirche und eine Gemeinschaft der Heiligen. Ich glaube an Gott! Die christliche Vorstellung von der Dreifaltigkeit Gottes als Vater, Sohn und Heiliger Geist interpretiere ich so, dass das Jenseits aus Liebe und Weisheit besteht. Die Vater-Sohn-Beziehung ist das Symbol für Liebe, der Heilige Geist steht für Weisheit. Zudem schenkt uns der Sohn die Möglichkeit, eine Beziehung zum Vater aufzubauen. Die hierarchischen Strukturen in der Kirche und in der Selig- beziehungsweise Heiligsprechung sind menschengemacht. Wenn das Jenseits vollkommen ist, lässt es keine Hierarchie zu. Es lohnt sich, darüber nachzudenken. Gott hat weder einen Vorstand, noch einen Vorsitz, noch einen Vorstandsvorsitzenden! Ungeachtet dessen leisten die Kirchen einen wichtigen Beitrag für den Frieden in der Welt. Ohne sie gäbe es weniger soziales Engagement in der Gesellschaft. Selbstlos handelnde Vorbilder wie Mutter Teresa sind entsprechend zu würdigen, aber nicht sie sind unsterblich, sondern ihre Werke – also ihre Seelen!

Ich glaube an eine Vergebung der Sünden, sofern ich mich beim Sterben auf die Lebensrückschau einlasse. Allerdings glaube ich nicht an die Auferstehung der Toten, sondern an die Auferstehung der Seele. Sie entspricht dem Eintauchen ins Licht. Es wurmt mich, dass viele christliche Theologen immer noch das Fortbestehen des Ichs nach dem Tod predigen! Auferstehung ist doch gar nicht das Festhalten am Ich, sondern gerade das Loslassen vom Ich, damit die Seele ins Jenseits eingehen kann. In diesem Punkt bedarf es dringend eines Dialogs, um nicht unnötig Hoffnungen zu wecken, die sich vielleicht nie erfüllen. Wieder ertappe ich mich, wie ich meinen eigenen Glauben kritisch hinterfrage, doch ich halte erneut am Christentum fest, weil es die Liebe in den Mittelpunkt stellt. Bei der wichtigen Frage »Was ist stärker als der Tod?« punktet vor allem das Christentum. Nirgendwo steht in der Bibel, dass das Ich stärker sei als der Tod, wohl aber, dass die Liebe niemals aufhöre.[112] Weil ich die Berichte von Nahtoderfahrenen sehr ernst nehme, glaube ich: *Liebe und Wissen sind stärker als der Tod.* Jede Religion hat mit hausgemachten Problemen zu kämpfen. Dass ich mich nur zum Christentum äußere, hat einen einfachen Grund: Ich urteile nicht über eine mir fremde Religion. In jeder Religion gibt es genügend Anhänger, die sie hinterfragen können.

Wenn ich meine bisherigen Ausführungen zusammenfasse, komme ich zu einem sehr interessanten Ergebnis: Ich stimme dem Grundgedanken der Gläubigen zu, dass die Ewigkeit existiert. Ich stimme aber ebenso dem Grundgedanken der Ungläubigen zu, dass es kein Leben nach dem Tod gibt. *Die beiden Standpunkte widersprechen sich nicht, solange ich mein Ich nicht überbewerte.* Auch ohne ein Leben nach dem Tod kann meine Seele unsterblich sein! Trost kann ich darin finden, dass die schönen, liebevollen Momente meines Lebens nicht gelöscht werden, sondern im Jenseits gespeichert sind. Das Jenseits umfasst weder unsere Träume noch unsere Fehler, sondern das, was wir zum Erfolg der Schöpfung beigetragen haben – unsere Liebe und unser Wissen.

Bevor wir uns gleich mit dem Diesseits befassen, habe ich für Sie noch etwas zum Nachdenken: Wenn wir uns alle im Jenseits wiedersehen würden, ohne handeln zu können, weil Entwicklung unmöglich ist, wären wir wie in einem Koma – eine sehr unbefriedigende Vorstellung. Warum gestehen wir uns nicht gleich ein, wie unlogisch ein Leben nach dem Tod wäre? Sind wir etwa zu feige? Wahrscheinlich ja, und Feigheit schürt die Angst vor dem Tod. Falls Sie glauben, dass die Bibel ein Leben nach dem Tod verspreche, empfehle ich Ihnen ein Zitat des katholischen Religionsphilosophen Raimon Panikkar über seine *eigenen* Glaubensgenossen: »Das ist die Tragödie der Christen, die haben oft den Mut nicht, wirklich zu sterben.«[113] Sterben ist das Loslassen vom Ich bis zur Vollkommenheit – nicht bis zum Nichts! Das ist es, was die christliche Lehre von der Auferstehung verkündet. Im Jenseits hat das Ich keine Aufgabe mehr: *Wie eine Welle löst es sich im Vollbad aus Liebe und Wissen auf, und seine Seele wird eins mit Gott.*

Warum es ein Leben vor dem Tod gibt

Eines ist sicher – nicht unsere Rente, aber die Tatsache, dass wir hier und jetzt *leben*. So spannend es sein mag, über den Sinn des Lebens zu philosophieren, so fatal wäre es, wenn wir dabei vergäßen zu leben. »Leben ist das, was den meisten Menschen passiert, während sie eifrig dabei sind, andere Pläne zu machen.«[114]

Dieses Buch soll kein Ratgeber für den Tod sein, sondern ein Wegweiser für das Leben! Mit den bisherigen Kapiteln hatte ich vor allem ein Ziel verfolgt: Ich wollte Sie motivieren, über Ihr eigenes Wertesystem nachzudenken. Vielleicht ist es mir gelungen, und Sie ziehen zumindest in Erwägung, dass es noch höhere Werte als das Ich gibt. Dadurch wird das Ich keineswegs wertlos. Im Gegenteil: Weil ich es bin, der dem Leben einen Sinn gibt, ist das Ich wichtig – jedoch nur im Diesseits. Jedes Ich kann fühlen und lernen, weil es einen Körper hat, der es mit Sinnesorganen und Nervenzellen dazu befähigt. Jedes Ich kann Liebe fühlen und Wissen lernen. Jedes Ich kann dazu beitragen, dass diese Welt eine bessere wird, indem es seine Liebe und sein Wissen weitergibt. Ohne uns könnten Liebe und Wissen weder entstehen noch wachsen. Ohne uns wäre das Jenseits gähnend leer.

> *Es gibt ein Leben vor dem Tod,*
> *weil das Jenseits ohne unser Fühlen und Lernen leer wäre.*

Wieder passt das eine zum anderen: Erst räumliche Distanz ermöglicht ein *Gegenüber*. Das Gegenüber erlaubt verschiedene Persönlichkeiten, also *Individualität,* und nur zu einem Gegenüber kann ich eine *Beziehung* aufbauen. Gegenüber, Individualität und Beziehung wären ohne räumliche Distanz undenkbar (siehe Abbildung 25). Entsprechend ermöglicht erst zeitliche Distanz ein *Nacheinander.* Das Nacheinander erlaubt verschiedene Möglichkeiten, also *Potenzialität,* und nur in einem Nacheinander kann ich eine *Entwicklung* vollziehen. Nacheinander, Potenzialität und Entwicklung wären ohne zeitliche Distanz undenkbar (siehe Abbildung 26). Bitte beachten Sie wieder die fehlerfreie Analogie!

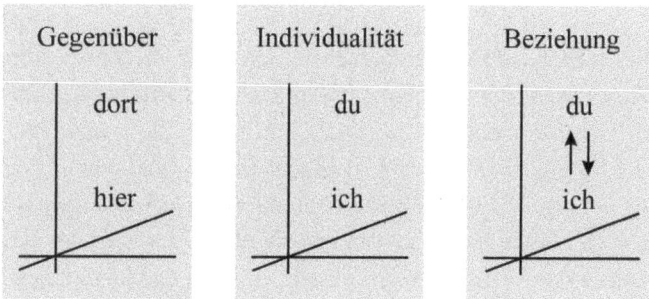

Abb. 25: Was räumliche Distanz alles ermöglicht

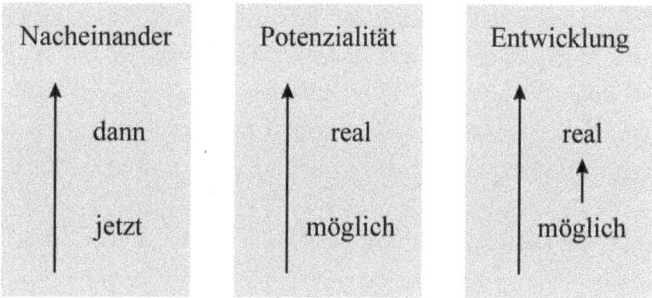

Abb. 26: Was zeitliche Distanz alles ermöglicht

Wer sich die Abbildungen 25 und 26 genau anschaut, wird dennoch einen kleinen Unterschied entdecken. Die Beziehung zwischen »du« und »ich« hat zwei Pfeile, das heißt, sie funktioniert in beide Richtungen. Die Entwicklung vom »Möglichen« zum »Realen« hat nur einen Pfeil, das heißt, sie vollzieht sich stets vorwärts. Weil das Geschehene nicht mehr ungeschehen gemacht werden kann, entfällt der Pfeil vom »Realen« zum »Möglichen«. Daraus möchte ich mehrere Empfehlungen ableiten: Nutzen Sie die Möglichkeiten, die Ihnen das Jetzt bietet! Drücken Sie Ihre Begeisterung aus, wenn Sie sich freuen! Drücken Sie Ihre Entschuldigung aus, wenn Sie einen Fehler gemacht haben! Danken Sie Ihren Eltern und Ihren Freunden für das Leben, das diese mit Ihnen teilen! Zögern Sie nicht, sondern tun Sie es, solange Sie leben! Im Tod wird es nicht mehr möglich sein.

Damit schließt sich ein großer Kreis: Ich hatte es als wichtigste Botschaft der Sterbeforschung bezeichnet, dass Fühlen und Lernen der Sinn des Lebens sind. Das deckt sich mit den Erkenntnissen aus diesem Kapitel. Materielle Sinnesorgane und räumliche Distanzen sind Voraussetzungen dafür, dass wir fühlen können. Materielle Nervenzellen und zeitliche Distanzen sind Voraussetzungen dafür, dass wir lernen können. Nicht jede Beziehung ist glücklich, und nicht jede Entwicklung verläuft gut. Dennoch ist es etwas Wunderbares, dass uns das Leben diese Möglichkeiten bietet, weil wir auch Einfluss auf Beziehungen und Entwicklungen haben. Selbst wenn wir uns nicht vor allem schützen können, *dürfen wir doch mit allem fühlen und aus allem lernen.* Alles, was wir fühlen und lernen, ist noch wertvoller als wir selbst. Schaffen Sie in ihrem Leben mehr Raum für Beziehungen, und nehmen Sie sich mehr Zeit für Entwicklungen! Genau das macht das Leben aus.

Mir persönlich ist keine andere Theorie bekannt, welche die zwei höchsten Werte – Liebe und Wissen – derart schlüssig mit den zwei Grundstrukturen dieser Welt – räumliche und zeitliche Distanz – verknüpft. Ich bin fest davon überzeugt, dass irgendjemand oder irgendetwas diese Grundstrukturen entworfen hat. Wie jede Regel aufgestellt und jedem Zufall Platz gelassen werden muss, so setzt auch jede Struktur eine Quelle voraus, der sie entspringen kann.

Ich möchte dieses Kapitel über das Leben gerne nutzen, um nochmals an die wichtigsten Botschaften der Evolutionstheorie, der Relativitätstheorie, der Quantentheorie und der Sterbeforschung zu erinnern. Zusammen ergeben sie nämlich einen noch tieferen Sinn: 1) Das Leben ist ein Spiel mit Regeln und Zufällen. Auf den Regeln und Zufällen beruht die Evolution, also unsere Existenz. 2) Absoluter Raum und absolute Zeit sind zwei Illusionen. Räumliche und zeitliche Distanzen sind relativ, das heißt, sie lassen sich überwinden. 3) Alles hängt mit allem zusammen. Jedes Ich ist einzigartig, aber tief in unserem Inneren sind wir eine Ganzheit und vollbringen ein Gemeinschaftswerk. 4) Fühlen und Lernen sind der Sinn des Lebens. Unser Gemeinschaftswerk besteht aus der Liebe, die wir fühlen, und aus dem Wissen, das wir lernen. Das Leben ist ein tiefsinniges Spiel um das Erschaffen von Liebe und Wissen. Alle Liebe und alles Wissen werden eins mit Gott. Deutlicher vermag ich es nicht auszudrücken, dass meine Theorie Naturwissenschaft, Sterbeforschung und Religion gleichermaßen ernst nimmt.

Im Diesseits ist jedes Ich wichtig, denn fühlen und lernen kann jeder nur für sich. Dieser Gedanke wertet das einzelne Leben ungemein auf. Falls Sie wollen, dass etwas von Ihnen unsterblich wird, müssen Sie dafür allerdings etwas tun. Die

Hände in den Schoß zu legen oder nur zu seinem Vorteil zu leben, reicht nicht aus. Indem Sie Liebe fühlen und Wissen lernen, füllen Sie Ihre Seele mit Inhalt und machen sie unsterblich. Der Mediziner und Kabarettist Eckart von Hirschhausen zieht dieselbe Bilanz aus ökonomischer Sicht: »Was du im Kopf und was du im Herzen trägst, kann dir keiner wegnehmen. Das sind die einzigen dauerhaft sinnvollen Investitionen.«[115]

Dennoch bleibt die Frage berechtigt, weshalb einige Lebewesen ein extrem leidvolles Dasein fristen müssen, während andere in Saus und Braus leben. Wie ich bereits ausgeführt habe, ist es purer Zufall, wo und wann ich das Licht dieser Welt erblicke. Wer Glück hat, wird in eine Familie hineingeboren, die ihm Liebe und Wissen schenkt. Wer Pech hat, wächst ohne Eltern und/oder ohne Schulbildung auf. Ohne Zufall wäre jedoch der Reiz des Lebens weg. Oder fänden Sie Ihr Leben noch reizvoll, wenn Sie stets wüssten, wie es sich entwickeln wird? Leid verringert sich, wenn wir es mit anderen teilen können. Freude vervielfacht sich, wenn wir sie mit anderen teilen können. Nicht Gott, sondern wir sind verantwortlich, wenn wir nicht bereit sind, unsere Liebe und unser Wissen zu teilen. Im Kapitel *Stiftung Lucys Kinder* zeige ich, dass unsere Ressourcen für Liebe und Wissen im Gegensatz zu Erdöl oder Gold unerschöpflich sind.

Viele Astrophysiker gehen davon aus, dass sich die Sonne in etwa 7,6 Milliarden Jahren so stark aufgebläht hat, dass die Erde in sie hineinstürzen wird.[116] Spätestens dann wird alles Leben auf unserer Erde erlöschen, falls es nicht schon viel früher passiert. Leider ist die Menschheit bereits drauf und dran, ihren eigenen Lebensraum zu zerstören. Wenn das verantwortungslose Töten von Lebewesen, der verschwenderische Umgang von Rohstoffen und der sorglose Umgang mit der Natur bestehen bleiben wie bisher, kann unsere Erde nicht weitere 7,6 Milliarden Jahre bewohnbar sein. Selbst wenn sich die Menschheit eines Besseren besinnt, wird sie in 7,6 Milliarden Jahren wahrscheinlich nicht mehr existieren, weil sie durch eine intelligentere Spezies abgelöst wurde oder weil ein gewaltiger Komet mit der Erde kollidiert ist oder weil ein riesiger Vulkan ausgebrochen ist und mit seiner Aschewolke die Menschheit komplett ausgelöscht hat. Ist das alles nur Schwarzmalerei? Nein, so sind nun einmal die Regeln des Universums, in dem wir leben. Keine Sonne, kein Planet besteht für immer. Und dennoch wird am Morgen jenes Tages, an dem alles Leben auf der Erde erlischt, neues Leben gezeugt werden. Wozu? Welchen Sinn hat das Leben, wenn es doch so plötzlich zu Ende sein kann? Welchen Sinn hat das, was ich auf der Erde erschaffe, wenn sie irgendwann in der Sonne verbrennen wird?

Genau das ist der Schlüssel zum Sinn des Lebens! Weil es so plötzlich zu Ende sein kann, liegt sein Sinn nicht in dem, was noch kommen wird (oder auch nicht), sondern in dem, was wir gegenwärtig erschaffen. Was wir *jetzt* an Liebe und Wissen erschaffen, kann niemand ungeschehen machen. Die Spezies, die in 7,6 Milliarden Jahren unsere Erde bevölkert, wird wahrscheinlich nicht mehr wissen, wie die Menschen ausgesehen haben, und wer Christus oder Buddha gewesen sein soll. Aber sie wird, wie alle ihre Vorfahren in der Evolution, immer noch fühlen und lernen können. Ich erwarte von einem in sich schlüssigen Weltbild, dass es sich diesem Blick in die Zukunft nicht verschließt, dass es auch noch in 7,6 Milliarden gilt und dass es nicht ins Wanken gerät, weil irgendein Lebewesen kurz nach seiner Geburt stirbt.

Warum Habgier und Gewalt
nicht erstrebenswert sind

Spielen Sie Lotto? Handeln Sie mit Aktien? Wetten Sie um Geld? Neulich sah ich im Supermarkt eine DVD mit dem Titel *Reich werden mit Poker*. Auf ihrer Verpackung stand: »Schon nach wenigen Tagen werden Sie als Gewinner vom Pokertisch aufstehen, egal wer Ihre Gegner sind.« Die DVD war ohne Altersbeschränkung freigegeben.

»Na und«, werden Sie vielleicht sagen, »was ist denn schon dabei, mit Poker etwas Geld zu verdienen?« Meine Antwort darauf ist einfach: Als ich den DVD-Titel las, übersetzte ihn mein Gehirn automatisch in einen weniger attraktiven, aber äquivalenten Titel: *Arm machen mit Poker*. Wer mit Poker reich werden will, muss andere ärmer machen. So funktionieren alle Spiele um Geld, weil bei ihnen stets auf Kosten anderer gewonnen wird – eine Erkenntnis, die typisch ist für ganzheitliches Denken! Ich halte Poker für das unsozialste Spiel der Gegenwart, denn bei keinem anderen Spiel ist das *Bluffen* (auf Deutsch: täuschen, reinlegen) so ausdrücklich erlaubt. Wenn zudem um viel Geld gezockt wird, ist mein Urteil hart, aber konsequent: Wer andere bewusst täuscht, um ihnen Geld aus der Tasche zu ziehen, ist ein Egoist. Wer das Pokerspiel unterstützt, macht den Egoismus und seine stärkste Triebfeder, die Habgier, gesellschaftsfähig.

Beworben durch Fernsehen und Internet zieht Poker zurzeit viele Menschen in seinen Bann, obwohl kooperative Spiele, bei denen alle gemeinsam gewinnen oder verlieren, genauso spannend sein können. Auch Kooperation erfordert Taktik, aber es lässt sich eben nicht auf Kosten anderer gewinnen. Leider nimmt das gesellschaftliche Leben immer mehr Züge eines hinterhältigen Pokerspiels an. Überall wird abgezockt und geblufft, was das Zeug hält – sei es beim Korruptsein, beim Hinterziehen von Steuern oder beim Kleingedruckten. Ich erwarte von niemandem, dass er seine Leidenschaft unreflektiert beendet. Schon im Vorwort betonte ich, dass ich in diesem Buch lediglich meine Gedanken anbiete. Jedoch wünsche ich mir mehr Menschlichkeit und die Weitsicht, im Gegenüber niemals einen Gegner, sondern stets einen Mitmenschen zu sehen. Nahtoderfahrene berichten, dass wir in der Lebensrückschau alles fühlen, was wir anderen an Leid und an Freude zugefügt haben. Wenn das stimmt, sollte sich ein kritisches Hinterfragen des eigenen Lebensstils wesentlich mehr »auszahlen« als eine Runde Poker – noch dazu in einer Währung, die auch im Jenseits Bestand hat:

> *Wer nicht mit anderen teilt,*
> *endet in einem Sarg aus Gold.*
> *Wer sich für andere einsetzt,*
> *endet in einem Bad aus Liebe.*

Weil sich Konkurrenzkampf und Leistungsdruck in unserer Gesellschaft gegenseitig verstärken, sind Hilfsbereitschaft und soziales Engagement immer seltener anzutreffen. Wer andere bewusst täuscht, trägt maßgeblich zu diesem Werteverfall bei. Wenn wir der Jugend zeigen, wie sich mit relativ wenig Aufwand, aber mit unschuldigem Pokerface sehr viel Geld verdienen lässt, dürfen wir uns nicht wundern, falls sie im Berufsleben die Finanzwelt als ein Spielcasino missbrauchen. Auch Spekulanten spielen eine Art Poker, wenngleich mit vermeintlich edleren Karten.

Wussten Sie, dass die Stadt Bern bereits Ferienpokerkurse für Kinder ab acht Jahren angeboten hat?[117] Wenn wir bald schon im Kindergarten Poker spielen, wird es gewiss nicht mehr lange dauern, bis Täuschen und Reinlegen die wichtigsten Tugenden der Menschheit werden.

Wussten Sie, dass an vielen Pokertischen mehrere Millionen Euro pro Tag umgesetzt werden, während zahlreiche Kinder in den Entwicklungsländern nicht mal eine Hand voll Reis zu essen haben? Eine Million Euro reichen aus, um mehr als 30 000 Kindern einen Monat lang Essen, Trinken und eine Schulbildung zu finanzieren.[118]

Wussten Sie, dass viele Staaten an der Spielsucht ihrer Bürger mitverdienen? Auch Deutschland toleriert Glücksspiele in vielen Variationen und fördert damit ein habgieriges Verhalten in der Gesellschaft. Wenn Erfolg im Glücksspiel mit Geld belohnt wird, entsteht der fatale Eindruck, dass Habgier erstrebenswert sei. Glücksspiele stehen mitnichten für Spaß und Unterhaltung, wie es die Veranstalter und Casinos gerne beschönigen. Nicht selten enden die Spieler im finanziellen und sozialen Bankrott.

Kaum jemand spricht in jüngster Zeit so deutliche Worte in Bezug auf Werte wie der Philosoph Richard David Precht. Ihm zufolge leben die meisten Menschen im reichen Westen falsch mit ihren Werten: »Sie streben nach einer Sicherheit, die sie wahrscheinlich nie wirklich erlangen. Sie opfern ihre Freiheit und ihre Selbstbestimmung für ein höheres Einkommen. Und sie kaufen Dinge, die sie nicht brauchen, um Leute zu beeindrucken, die sie nicht mögen, mit Geld, das sie nicht haben.«[119] Das Hauptproblem liegt darin, dass sich unsere Gesellschaft fast nur noch an materiellen Werten orientiert. Ein universeller – auf *jede* Epoche zutreffender – Sinn des Lebens kann nicht im Besitz vieler Aktien, Autos oder Häuser bestehen, weil es all das in der Steinzeit noch gar nicht gab. Es muss auch nicht das Beste vom Feinsten sein, weder beim Essen und Trinken, noch bei der Kleidung, noch beim Handy. Selbst der viel gepriesene Wohlstand ist nur ein materieller Wert und deshalb vergänglich.

Wer den zügellosen Konsum kritisiert, wird oft als Moralapostel oder als Feind des Fortschritts abgestempelt. Wenn ich das Pokerspiel kritisiere, werde ich sicher von den wenigen Gewinnern als Spaßverderber bezeichnet. Dabei wird jedoch übersehen, dass das Streben nach materiellen Werten schnell zur Sucht werden kann und so gut wie nie zu einem Gefühl der Zufriedenheit führt. Nachhaltiges Glück scheint mit materiellen Werten unvereinbar zu sein. Darum müsse auch die Politik in den Industrieländern umdenken, fordert der Ökonom Richard Layard. Sie solle vor allem das Glück der Bevölkerung steigern und sich nicht bloß auf die Erhöhung des Bruttosozialproduktes konzentrieren.[120] Niemand zwingt uns, stets alles abzurechnen und dabei auch noch den Profit zu steigern. Wir müssen nicht immer effizienter und schneller werden. Ein Wachstum muss schon gar nicht beschleunigt werden, weder in der Wirtschaft, noch bei Tieren oder Pflanzen. Oder wünschen Sie sich etwa eine beschleunigte Kindheit und ein beschleunigtes Älterwerden?

Was du nicht willst, dass man dir tu', das füg' auch keinem andern zu! Dieses Sprichwort, auch *Goldene Regel* genannt, gibt es in vielen Formulierungen vom christlichen Gebot der Nächstenliebe[121] bis hin zu Immanuel Kants kategorischem Imperativ: »Handle so, dass die Maxime deines Willens jederzeit zugleich als Prinzip einer allgemeinen Gesetzgebung gelten könne!«[122] Wenn die Menschheit noch viele Generationen hervorbringen soll, sind wir gut beraten, die Goldene Regel zu befolgen. Terroristen und Amokläufer – aber auch Pokerspieler – missachten jedoch diese Regel und verhalten sich wie Zellen in einem Tumor: Sie haben kein Mitgefühl für andere, sondern denken nur an sich selbst. Ihre Strategie geht solange auf, bis die gesunden Zellen den Tumor nicht mehr versorgen können. Spätestens dann mündet Habgier in Gewalt, und das ganze System bricht zusammen.

Wichtig ist die wissenschaftliche Erkenntnis, dass es keine Tumorzelle als solche gibt.[123] Eine Zelle kann sich jedoch tumorartig verhalten, sobald ihre Kommunikation mit den anderen Zellen und folglich ihr Sinn für das Wohl der Gemeinschaft gestört ist. Genau das trifft auch auf Gewalttäter zu: Ihr Hass beruht auf einer gestörten Wechselwirkung mit der Umgebung. Insbesondere sind sie nicht in der Lage, sich in andere hineinzuversetzen und deren Lebensumstände zu verstehen. Niemand von uns wird als Gewalttäter geboren, aber jeder ist den Einflüssen seiner Umgebung ausgesetzt. Diese Einflüsse müssen wir erkennen und analysieren, wenn wir erfolgreich gegen menschliche Gewalt vorgehen wollen. Ein gefährlicher Einfluss ist sicher die Verharmlosung von Gewalt in unserer Gesellschaft. Junge Menschen empfinden Gewalt nicht mehr als abschreckend, sondern als alltäglich, wenn sie Krimis und Killerspiele nach Belieben konsumieren können. Muss das Fernsehen Krimis am laufenden Band senden, um noch unterhaltsam zu sein? Darf das Töten zum Spaßfaktor werden, auch wenn es nur ein Spiel ist?

Habgier und Gewalt haben gemeinsam, dass sie sich selbst verstärken: Habgier wächst mit jedem Gewinn, und Gewalt schürt neue Gewalt. Um dem entgegenzuwirken, sollte eine

Regierung das Wohl der Gemeinschaft in den Mittelpunkt ihrer Politik stellen und das Interesse für die Gemeinschaft stärken. Das erreicht sie, indem sie über die vielen Vorteile einer Gemeinschaft aufklärt, soziales Engagement intensiv fördert und jede Art von Glücksspiel und Spekulation verbietet, weil diese die Gemeinschaft untergraben. Wenn sich jeder selbst der Nächste ist, sinken die Toleranz für andere Meinungen und die Ehrfurcht vor unserem Lebensraum. Die Menschheit könnte schon bald in der Evolution steckenbleiben und ausscheiden, falls es ihr nicht gelingt, Habgier und Gewalt zu bezwingen und bescheidener zu werden.

> *Habgier und Gewalt sind nicht erstrebenswert,*
> *weil sie die größte Bedrohung für die Menschheit sind.*

Was ich mir gönne, sollte ich stets auch allen anderen zugestehen, falls ich es mir lange erhalten will. Sobald ich der Beste sein will, lässt sich dieses Zugeständnis jedoch nicht mehr erfüllen, weil nicht alle die Besten sein können. Habgier fängt schon in der Schule an: Unsere Gesellschaft wäre viel sozialer, wenn dort nicht vermittelt würde, wie jemand der Beste von allen anderen wird, sondern wie jemand sein Bestes für alle anderen gibt! Dass das sogar an Hochschulen umsetzbar ist, beweist eine Initiative der *Harvard University* aus dem Jahr 2010. Seither müssen sich ihre Absolventen der Betriebswirtschaft mit einem Eid zu ethischem Handeln verpflichten.[124] Ich halte es für angemessen, wenn wir eine solche Verpflichtung von jedem Schulabgänger einfordern. Mehr noch – um unserer Gesellschaft etwas zurückzugeben, sollten wir von all ihren Mitgliedern erwarten, dass sie nach Schulabschluss ein Jahr lang ehrenamtlich für ein gemeinnütziges Projekt tätig sind.

Warum Liebe und Wissen erstrebenswert sind

Schon mehrfach hob ich hervor, dass viele Nahtoderfahrene die Liebe und das Wissen als die beiden höchsten Werte bezeichnen. Damit sind weder eigennützige Liebe noch eigennütziges Wissen gemeint, sondern die selbstlose Liebe und das selbstlose Wissen. Selbstlos zu lieben bedeutet, dass ich die Verbundenheit so hoch bewerte, dass ich mich in dieser Liebe selbst verliere. Zum Beispiel kann ich ein erfüllendes Erlebnis mit jemandem haben und mich dabei selbst vergessen. Selbstlos zu wissen bedeutet, dass ich die Wahrheit so hoch bewerte, dass ich mich in diesem Wissen selbst verliere. Zum Beispiel kann ich eine Erleuchtung haben und mich dabei selbst vergessen. Wodurch zeichnen sich diese Liebe und dieses Wissen aus, und was hebt sie von eigennütziger Liebe und eigennützigem Wissen ab?

Wichtig ist die Einsicht, dass selbstlose Liebe und selbstloses Wissen niemals an eine Bedingung geknüpft sind. Wenn ich für einen guten Zweck spende, um selbst davon zu profitieren, ist die Liebe eigennützig und nicht selbstlos. Wer anderen hilft, um vor Gott besser dazustehen, handelt nicht aus Liebe, sondern aus Kalkül. Wenn ich mein Wissen für mich behalte und mir damit einen Vorteil gegenüber anderen verschaffe, ist das Wissen eigennützig und nicht selbstlos. Eigennützige Liebe und eigennütziges Wissen sind an das Ich gebunden und deshalb vergänglich wie das Ich. Das Gleiche trifft übrigens auch auf Hass und Unwissenheit zu. Nur selbstlose Liebe und selbstloses Wissen sind unabhängig vom Ich und demnach aus jeder Perspektive gleich, also absolut. Als absolute Werte sind sie bereits in sich sinnvoll und müssen keinen höheren Zweck erfüllen. Im Folgenden geht es stets um selbstlose Liebe und selbstloses Wissen.

> *Liebe und Wissen sind erstrebenswert,*
> *weil sie in sich sinnvoll und somit die höchsten Werte sind.*

Damit möchte ich auf die beiden Fragen überleiten, die mir auf meinen Vorträgen und Lesungen am häufigsten gestellt werden: 1) »Was nützen mir meine Liebe und mein Wissen, wenn ich tot bin?« 2) »Wozu soll die Liebe im Jenseits gut sein, wenn keiner mehr da ist, der sie fühlen kann?« Meine Antworten lauten entsprechend: 1) Weil die Liebe und das Wissen wertvoller sind als mein Ich, müssen sie mir nichts nützen, wenn ich tot bin. Ich bin derjenige, der sich nützlich machen kann, indem ich mit meiner Liebe und mit meinem Wissen das Jenseits bereichere. 2) Die Frage nach dem Wozu erübrigt sich gleich aus zwei Gründen: Die Liebe und das Wissen müssen niemals für etwas anderes gut sein, weil sie bereits die höchsten Werte sind. Außerdem setzt ein Wozu stets eine Zukunft voraus, die im Jenseits gar nicht existiert.

Wenn auch Sie die oben genannten Fragen stellen, neigen Sie dazu, sich selbst wichtiger zu nehmen als ihren Lebens-inhalt. Erwarten Sie nicht, dass alles für Sie nützlich sein müsse! Die Welt dreht sich weder um Sie, noch um mich, noch um die Erde – wir leben nicht mehr im Mittelalter –, sondern wir drehen uns auf der Erde durch die Welt. *Wir wurden für die Welt erschaffen – nicht sie für uns.* Folglich verdrehen wir die Tatsachen, wenn wir egoistisch nach dem Eigennutz fragen. Stattdessen sollten wir über unseren Bei-trag zum Erfolg der Schöpfung nachdenken. Meine Antwort kennen Sie bereits: Jeder trägt mit seiner Liebe und seinem

Wissen bei. Dass das Ich nicht der höchste Wert sein kann, lehrt uns ein Attentat oder Tsunami: Nichts – nicht einmal Gott – vermag solche Katastrophen abzuwenden, um Menschenleben zu retten. Wenn das Ich nicht die höchste Priorität hat, muss es auch nicht um jeden Preis erhalten werden. Falls es Ihnen schwerfällt, diesen Gedanken zu akzeptieren, habe ich eine einfache Übung für Sie: Setzen Sie Ihre Liebe zukünftig bewusst an die erste Stelle, indem Sie nicht mehr »ich liebe dich« sagen, sondern »dich liebe ich«. Das folgende Gedicht widmet dir, liebste Alexandra, ich:

Dich liebe ich

――――――

Was Liebe ist, willst du wissen?

Liebe ist,
wenn ja zu uns wir sagen,
gleich wo, gleich wann – ja!

Liebe ist,
wenn alles uns wir geben,
ohne wofür, ohne wozu – alles!

Liebe ist,
wenn uns wir schätzen,
kein wie, kein was – uns!

Liebe ist,
wenn eins wir sind,
nicht du, nicht ich – eins!

Liebe besteht nicht aus zweien, die sich lieben.
Liebe ist, was aus ihnen ein Ganzes macht.

Selbstlose Liebe ist nicht nur zur Partnerin oder zum Partner möglich, sondern auch zu Kindern, Eltern, Freunden, allen Menschen, Tieren, Pflanzen und zu einem Hobby. Liebe ist die absolute Offenheit für alles und jedes, aber sie ist nur im Diesseits erfahrbar. Sie ist nicht dasselbe wie »sich lieben« oder »Liebe fühlen«. Die Liebe ist mehr als nur ein Gefühl. Das Entstehen von Liebe setzt ein Fühlen voraus, aber entstandene Liebe setzt nicht mehr die Fühlenden voraus. Hier bietet sich ein Vergleich mit dem Licht von Kerzen an: Sobald das Licht den Docht einer Kerze verlassen hat, ist es nicht mehr auf das materielle Wachs angewiesen. Das Licht (unsere Liebe und unser Wissen) breitet sich noch im Universum aus, wenn die Kerzen (wir) schon längst abgebrannt sind. Ist es lediglich ein Zufall, dass das Licht erwärmt und erleuchtet? Auch Liebe geht mit Wärme einher, und Wissen führt zur Erleuchtung.

Nachdem ich eben erläutert habe, was ich unter Liebe verstehe, möchte ich nun näher auf den Begriff »Wissen« eingehen. Wem dieses Wort zu speziell ist, darf es gerne durch »Wahrheit«, »Weisheit«, »Erkenntnis« oder »Erleuchtung« ersetzen. Ich selbst favorisiere den Begriff »Wissen«, weil er von Nahtoderfahrenen häufig verwendet wird. Aufgrund unserer unvollkommenen Sprache kann er jedoch nur eine Näherung sein. Sicher ist nicht nur das reine Lexikonwissen oder das Wissen um das Tagesgeschehen gemeint, sondern alles Wissen, was durch einen Lernprozess erfahrbar ist. Es fällt auf, dass Nahtoderfahrene nach ihrem Erlebnis äußerst wissbegierig sind.[125] Ihnen geht es nicht um ein Verständnis der Relativitätstheorie oder der Quantentheorie, sondern sie wollen einfach – ihren eigenen Fähigkeiten entsprechend – Neues hinzulernen und ihr Wissen an andere weitergeben. Wir erinnern uns: Jedes Lebewesen ist fähig zu lernen!

Wissen lässt sich lernen und weitergeben – Liebe lässt sich fühlen und weitergeben. Wieder springt die Analogie zwischen Liebe und Wissen ins Auge. Das größte Geschenk, das wir uns gegenseitig machen können, besteht darin, diese höchsten Werte zu erkennen und an andere weiterzugeben. Die Dichterin und Philosophin Ricarda Huch bringt es auf den Punkt: »Liebe ist das Einzige, was wächst, indem wir es verschwenden.«[126] Ich denke, dass diese Feststellung auch auf das Wissen zutrifft. In religiöser Hinsicht wage ich die Behauptung, dass sich die Schöpfung – folglich auch Gott – derart entfaltet, *dass sie ein Maximum an Liebe und Wissen hervorbringt.* Hierbei erweist sich ein Modetrend jedoch als äußerst kontraproduktiv – die Selbstverwirklichung. Sie ist der Hauptgrund dafür, dass viele Partnerschaften heutzutage scheitern und zahlreiche Kinder ohne Mama oder Papa aufwachsen müssen. Eine Familie ist in erster Linie eine Gemeinschaft, in der die eigenen Wünsche nicht das Maß aller Dinge sein können. Liebe besteht nicht bloß aus Schmetterlingen im Bauch, sondern umfasst auch die Verantwortung für alles Leben, das wir zeugen. Sogar hier ist ein ganzheitliches Denken gefragt! Wer meint, sich selbst verwirklichen zu müssen, sollte so konsequent sein, es als Single zu tun – ohne Kinder in die Welt zu setzen.

Nicht nur die Liebe und das Wissen sind in sich sinnvoll – auch eine musikalische Komposition, ein Gemälde oder ein Gedicht können so erhaben sein, dass sie selbst sinngebend sind. Das ist stets dann der Fall, wenn das Kunstwerk keiner weiteren Erklärung bedarf, weil es bereits vollkommen ist. Solche Kunstwerke existieren durchaus – ich denke an eine Fuge von Johann Sebastian Bach oder an ein Bild von Joan Miró. In ihnen lassen sich die Liebe und das Wissen sogar als Einheit begreifen. Kunst ist Schöpfung pur, und Schöpfung ist Gott! Wie in den Gesetzen der Natur tritt uns auch in der Kunst die Vollkommenheit unverfälscht gegenüber. Kann Vollkommenheit vielleicht als ein Oberbegriff für die Liebe und das Wissen dienen? Meine Antwort ist ein klares »Ja«, denn auch die Liebe und das Wissen bedürfen keiner weiteren Erklärung. Sie erklären sich selbst. Auf die Liebeserklärung »dich liebe ich« folgt kein »weil«. Wenn ich dich nur lieben würde, weil ich deine Augen schön finde, wäre die Liebe nicht mehr selbstlos, sondern an eine Bedingung geknüpft. Dasselbe Argument greift beim Wissen. Auch auf die Feststellung »das ist so« folgt kein »weil«. Wenn etwas nur so wäre, weil ich es richtig finde, wäre das Wissen nicht mehr selbstlos, sondern an eine Bedingung geknüpft. Hier wird besonders deutlich, dass selbstloses Wissen mit Wahrheit gleichgesetzt werden darf.

Dass die Liebe und das Wissen die höchsten Werte sind, die diese Welt zu bieten hat, kann ich nicht beweisen. Bewusst habe ich in den letzten vier Kapiteln Themen angesprochen, die sich nicht mit wissenschaftlichen Methoden erforschen lassen. Der von mir sonst sehr geschätzte Physiker Stephen Hawking und sein Kollege Leonard Mlodinow irren gewaltig, wenn sie in ihrem Buch *Der große Entwurf* behaupten, dass die Philosophie tot sei, weil sie mit den Entwicklungen der Physik nicht Schritt gehalten habe.[127] Wer glaubt, alles mit Physik erklären zu können, muss sich die Frage gefallen lassen, wie das Gefühl von Liebe physikalisch zu beschreiben sei. Spätestens dann wird er seinen Irrtum bereuen, weil sich das Absolute – wie die Liebe – grundsätzlich nicht mit relativen Einheiten – wie Meter und Sekunde – ergründen lässt. Philosophieren Sie noch etwas über die Liebe, bevor es gleich um das Ganze geht!

Ziel 5

Das Ganze verstehen

Nach einer Lesung hat mich eine Zuhörerin gefragt,
ob sie ihren verstorbenen Mann wiedersehen werde.

Ich antwortete:
»Sie werden seiner Liebe begegnen, aber nicht ihm.
Es stirbt nur das Ich, das uns voneinander trennt,
nicht das Ganze, zu dem uns die Liebe verbindet.«

Wie sich »Himmel« und »Hölle« verstehen lassen

Nahezu alle Religionen teilen das Jenseits in eine angenehme und eine unangenehme Umgebung ein. Auch wenn sich die Bezeichnungen unterscheiden, steckt stets der Wunsch nach göttlicher Gerechtigkeit dahinter: Die guten Menschen mögen mit dem Himmel belohnt, die bösen Menschen mit der Hölle bestraft werden. An dieser doch recht naiven Vorstellung halten insbesondere viele Christen fest, obwohl ihr Gott der Liebe nicht mit einer lieblosen Hölle vereinbar ist. Wenn Gottes Liebe grenzenlos sein soll, kann es im Jenseits weder eine göttliche Bestrafung noch eine dauerhafte Hölle geben. Kann beim Sterben dennoch so etwas wie ein Himmel oder eine Hölle empfunden werden? Nahtoderfahrene begreifen das Sterben als den wichtigsten Lebensabschnitt, weil es unsere größte Fühl- und Lernerfahrung sei. Hierbei werde eine Lebensrückschau vorgespielt, die auch enthülle, wie das eigene Leben auf andere gewirkt habe. Anhand der Rückschau müsse jeder sein Leben selbst beurteilen. Diese Lektion kann von jedem einzelnen durchaus als Belohnung oder Bestrafung empfunden werden, je nachdem ob jemand sein Leben eher positiv oder eher negativ bewertet.

> *»Himmel« beziehungsweise »Hölle« ist,*
> *wenn jemand beim Sterben erfreut oder erschrocken*
> *erkennt, wie das eigene Leben auf andere gewirkt hat.*

Kinder haben sich in ihrem jungen Alter nur selten schuldhaft verhalten und bewerten ihr Leben deshalb eher positiv. Dementsprechend machen sie beim Sterben meistens eine

Himmelserfahrung. So auch die achtjährige June, als sie fast in einem Swimmingpool ertrunken war: »Ich erinnere mich noch daran, dass mein Haar im Abfluss hängenblieb und ich das Bewusstsein verlor. Danach spürte ich, wie ich aus meinem Körper glitt. Ich sah, dass ich unter Wasser lag, hatte aber keine Angst. Urplötzlich schritt ich einen Tunnel hinauf, und bevor ich mich versah, stand ich im Himmel. Ich wusste, dass dies der Himmel war, weil alle Dinge strahlten, und alle Leute fröhlich waren.«[128]

Natürlich berichten nicht nur Kinder von solchen Himmelserfahrungen. Untersuchungen belegen, dass etwa 90 Prozent aller Nahtoderfahrungen positiv verlaufen.[129] Auch Sabine, die mit 38 Jahren an Blutkrebs erkrankt war, hatte ein angenehmes Erlebnis: »Ich fühlte mich hellwach und war überwältigt von der unendlichen Freiheit und Leichtigkeit. Zeit spielte keine Rolle mehr. Ich war eingetaucht in die Unendlichkeit und hatte den Eindruck, ohne Worte die ganze Welt, mehr noch, das ganze Universum zu verstehen … Das Licht erfüllte den ganzen Raum bis zur Decke und darüber hinaus und vermittelte mir ein riesengroßes Geborgenheitsgefühl, ähnlich einem großen Liebesgefühl, ja eigentlich die Liebe pur. Phasenweise hörte ich auch Musik, einzelne, wohlklingende, wechselnde Harmonien. Wiederum gleichzeitig erschien mein ganzes Leben im Zeitraffer vor mir. Von ganz früher bis zum damaligen Zeitpunkt erschienen verschiedene schöne Situationen, wie meine Hochzeit oder die Geburt der Kinder. Besonders stark konnte ich die Liebe zu meinem Ehemann spüren. Aber es kamen auch Situationen aus meinem Leben, mit denen ich nicht zufrieden war, wo ich mir gewünscht hätte, besser gehandelt zu haben. Sie wurden einer neuen Bewertung unterzogen. Eine Art des Verzeihens von mir, aber auch denen, die damals beteiligt waren.«[130]

Ob eine Sterbeerfahrung positiv oder negativ verläuft, hängt nicht nur davon ab, wie jemand gelebt hat. Wir alle machen Fehler im Leben. Entscheidend für den Verlauf einer Sterbeerfahrung ist, ob ich bereit bin, aus den eigenen Fehlern zu lernen. Dazu dient das Instrument der *Lebensrückschau*. Vielen Menschen ist sie ein Begriff, aber sie haben eine unzureichende Vorstellung davon. Die Lebensrückschau spult das eigene Leben nicht wie einen Film ab, sondern sie zeigt es aus den Perspektiven aller Personen, die irgendwie daran beteiligt waren: »Wenn wir eine Lebensrückschau als Stück spielen, dann wäre ich in dem Stück, und gleichzeitig würde ich es als Zuschauer beobachten.«[131] Also versetzt mich die Rückschau in alle Personen hinein, mit denen ich im Leben zu tun hatte. Konkret heißt das: Ich werde alle Liebe, die ich anderen geschenkt habe, selbst empfinden. Allerdings muss ich auch alles Leid selbst ertragen, das ich anderen zugefügt habe. Die Vielfalt an Perspektiven macht die Rückschau zur lehrreichsten Lektion des Lebens.

Die Bedeutung der Lebensrückschau wird in dem folgenden Erlebnis sehr detailliert beschrieben: »Ich sah verschiedenste Ereignisse aus meinem Leben. Ich erkannte alles wieder, alles fühlte sich an, als sei ich einfach in diese Zeit zurückgegangen und in dem betreffenden Moment ganz gegenwärtig. Was hatte ich aus meinem Leben gemacht? O Gott, ich war mein *eigener* Richter und Henker. Wenn ich sah, dass ich einen Fehler begangen hatte, wollte ich zurück, um ihn zu korrigieren. Ich fühlte den Schmerz, das Misstrauen, die Wut, die Machtlosigkeit, den Kummer aller Menschen, den ich mit verursacht hatte; eigentlich weniger was ich ihnen, sondern eher, was ich mir angetan hatte. Diese Menschen waren der Spiegel meines eigenen Schmerzes, meines Misstrauens, meiner Wut und Machtlosigkeit. In jedem dieser Momente hatte ich die Chance vertan, für meine Gedanken, Worte und Taten die volle Verantwortung zu übernehmen, und mir damit die Möglichkeit genommen, zu wachsen und bewusster zu werden. Glücklicherweise sah und spürte ich auch alle schönen, glücklichen, befriedigenden und freudigen Momente, die ich anderen (und damit auch mir) durch meine Gedanken, Worte und Taten bereitet hatte.«[132]

Die Lebensrückschau lässt die Goldene Regel in einem ganz neuen Licht erscheinen: Sie ist nicht nur Leitspruch für ein ethisches Handeln, sondern sie enthüllt zugleich, wie diese Welt wirklich funktioniert. Beim Sterben wird mir bewusst, dass ich mir alles *selbst* angetan habe, was ich vermeintlich den anderen an Freude und Leid zugefügt habe. *Ich* bin der Bruder, den ich laut christlichem Gebot lieben soll wie mich selbst. Wer das einmal verstanden hat, betrachtet Nächstenliebe nicht mehr als Gebot, sondern als *Selbst*-Verständnis! Bemerkenswert ist, dass es nicht auf einem Glauben beruht, sondern auf einer Erfahrung, die uns allen noch zuteil wird.

Deshalb zeigt die Lebensrückschau vor allem das Verhalten gegenüber anderen. Häufig geht es um die kleinen Gesten, denen wir nur wenig Bedeutung beimessen: »Wenn Sie zum Beispiel vor einer Ampel stehen und es eilig haben, und der Wagen vor Ihnen fährt bei Grün nicht sofort los, und Sie hupen und schreien, er soll doch endlich Gas geben. Das sind die kleinen Dinge, die wirklich wichtig sind.«[133] In diesem Zusammenhang hat mich auch das folgende Zitat tief berührt: »Mein Opa hat sich immer gefreut, wenn ich als Kind seine Hand genommen habe und mit ihm spazieren ging. Als Kind merkt man nicht, dass es dem Opa gut tut, wenn man die Hand in seine schiebt. Im Lebensrückblick wird das richtig klar. Es kriegt eine Bedeutung.«[134]

Es gibt eine einfache Möglichkeit, wie Sie sich schon heute auf Ihre Lebensrückschau vorbereiten können. Nehmen Sie sich einen Stift, und füllen Sie nachstehende Felder aus! Berücksichtigen Sie auch scheinbar belanglose Situationen wie das versäumte Vorlassen von älteren Kunden an der Supermarktkasse oder das Nicht-Anhalten am Zebrastreifen. Lassen Sie sich pro Person eine Minute Zeit, um sich in deren Perspektive hineinzuversetzen. Überlegen Sie, was jede der genannten Personen über Sie gedacht hat!

Zu diesen Personen habe ich mich heute sozial verhalten:	Zu diesen Personen habe ich mich heute unsozial verhalten:

Diese kleine Übung wird Ihnen beim Sterben die Rückschau erleichtern, allerdings nur in Bezug auf einen einzigen Tag! Sie vermittelt einen Eindruck davon, wie gewaltig die Fühl- und Lernerfahrung sein muss, wenn sie sich auf Ihr ganzes Leben bezieht. Vielleicht nutzen Sie diese Übung aber auch, um zukünftig aus jeder schwierigen Situation das Beste zu machen, indem Sie sich fragen: »Wie würde ich diese Szene gerne in meiner Lebensrückschau sehen?« Wenn Sie das ein paar Mal bewusst getan haben, werden Sie sich bald instinktiv für die bestmögliche Reaktion entscheiden. Wenden Sie Ihr Wissen über die Lebensrückschau im eigenen Leben an! Letztendlich können wir alle nur gewinnen, wenn wir von den Nahtoderfahrenen lernen.

Häufig werde ich nach einem Vortrag gefragt, ob jede Seele ins Licht eintauchen darf. Gewöhnlich wird damit angedeutet, dass diese Erfahrung einer Verbrecherseele vorenthalten sein sollte. Doch die Antwort der Nahtoderfahrenen ist eindeutig: Jede Seele kommt ins Licht. Es liebt bedingungslos und bevorzugt oder benachteiligt niemanden. Das Jenseits könnte niemals vollkommen sein, wenn auch nur eine Seele irgendwo verloren ginge. Diese Erwiderung führt mitunter zu aufgebrachten Reaktionen seitens einiger Zuhörer bis hin zu der ungläubigen Frage: Selbst Hitler?

Ich darf Sie beruhigen: Sie werden Hitler nicht im Jenseits begegnen. Der Grund hierfür ist aber nicht, dass Hitler ein grausamer Verbrecher war, sondern dass es im Jenseits kein Ich mehr gibt, also weder ihn noch Sie. Machen Sie sich frei von der Vorstellung, dass Gott unser aller Richter sei, weil sie Gott entwürdigt. *Gott hat uns nicht erschaffen, um uns zu peinigen.* Beim Sterben geht es weder um Strafe noch um Genugtuung, sondern um die allergrößte Erfahrung. Erst indem ich sämtliche Auswirkungen meines Lebens zu fühlen bekomme, kann ich daraus lernen. Spätestens dann werden Fühlen und Lernen eins. Weil ich meine Erfahrungen selbst machen muss, urteilt jeder über sein Leben – auch Hitler.

Die Art der Selbstbeurteilung ist an Liebe und Gerechtigkeit nicht zu überbieten: Weder belohnt sie meine guten Taten, noch bestraft sie meine schlechten Taten. Dafür werde ich alles, was ich in meinem Leben gegeben und für richtig gehalten habe, auf identische Weise zurückbekommen. Selbstlose Liebe, die ich anderen geschenkt habe, darf ich als mir geschenkt erfahren. Ein unbedachtes Wort oder eine verletzende Ohrfeige werden auch mir weh tun – in der gleichen Intensität und ohne jeden Irrtum. Keine menschliche Rechtsprechung kann dieser absoluten Gerechtigkeit das Wasser reichen. Wer, außer Gott, könnte ein gerechteres System erfinden? *Die Lebensrückschau ist ein starker Hinweis auf die Existenz Gottes, weil sie seine Handschrift trägt.* Sie spricht auch für die Echtheit von Nahtoderfahrungen: Obwohl die Lebensrückschau bis zur Wiederbelebung nur wenige Minuten dauern kann, führt sie bei fast allen Betroffenen zu einer lebenslangen Veränderung – sie intensiviert das Mitgefühl für andere Menschen.[135]

Die Selbstbeurteilung steht nicht im Widerspruch zur christlichen Vorstellung vom jüngsten Gericht. Im Gegenteil: Die Lebensrückschau *ist* das jüngste Gericht! Jeder wird an seinem jüngsten Tag vor ihm stehen und zugleich sein eigener Richter sein. Wer kann schon von sich behaupten, sich stets korrekt verhalten zu haben? Wir alle haben Dinge getan, für die wir uns schämen. Töricht wäre es, die Lebensrückschau auf die leichte Schulter zu nehmen – im Glauben, dass das Sterben ohnehin nur einen Augenblick dauere. Tatsächlich fanden die Attentäter von New York aus unserer Perspektive einen sehr schnellen Tod, als sie die Flugzeuge im *World Trade Center* zur Explosion brachten. Dennoch sollten wir mit Annahmen über die Dauer des Sterbeprozesses äußerst vorsichtig sein. Erinnern Sie sich, dass zeitliche Distanz nur relativ ist? Während die Körper der Attentäter nach unserer Zeit im Bruchteil einer Sekunde zerfetzten, durchlebten sie nochmals ihr ganzes Leben. Sie fühlten dabei alles Leid, das sie den Opfern zugefügt hatten. Das ist Hölle pur, aber auch eine riesige Erfahrung! Für Hitler dürfte sie der Super-GAU sein. Ob sie aus seiner Perspektive wohl schon zu Ende ist?

Nun will ich Sie aber nicht beunruhigen, sondern ermutigen, sich auf die Lebensrückschau einzulassen, wenn es soweit ist. Hierbei hilft uns eine Kraftquelle, die niemals versiegt: *Gottes Gnade.* Es wird oft berichtet, dass die harte Gerechtigkeit durch eine Gnade gemildert werde, wie es auch die christliche Lehre verkündigt. Während der Lebensrückschau werden Sie nicht allein gelassen: »Du wirst nicht verurteilt. Du bist bei einem Wesen, das dich bedingungslos liebt. Du erfährst vollkommenes Mitgefühl. Dir ist bereits vergeben. Du sollst nur dein Leben betrachten und verstehen.«[136]

Dagmar, eine Leserin, hat einen wertvollen Tipp in Hinsicht auf die Lebensrückschau, den ich gerne an Sie weitergeben möchte: »Als ich durch diesen dunklen Tunnel schoss, zog mich das Licht an seinem Ausgang magisch an. Ich wollte gerne zu ihm, spürte aber, dass ich dafür alles aus meinem Leben preisgeben müsste, auch das, wofür ich mich schämte. Ich hatte also die Wahl, entweder in dem dunklen Tunnel bis auf den Sankt-Nimmerleinstag zu warten oder mich dem Licht anzuvertrauen. Ich entschied mich für Letzteres, und es war gut so! Mein ganzes Leben breitete sich vor mir aus, und ich begriff, was gut und was nicht so gut war. Nie hätte ich geglaubt, wie wunderschön es ist, alles zu verstehen und zugleich verstanden zu werden. Mit jeder Szene meines Lebens, die ich präsentiert bekam, war mir, als ob sich ein Teil von mir auflöste. Dieser Preis schien mir aber nicht zu hoch angesichts der Liebe, mit der mich das Licht aufnahm.«[137]

Weil sich Dagmar auf die Lebensrückschau eingelassen hat, verlief ihre Erfahrung positiv. Sie war bereit, ihr Leben offenzulegen und aus Fehlern zu lernen. *»Loslassen vom Ich«* heißt, *alles von sich preiszugeben.* Wer nicht loslassen will, sondern am Ich klammert, könnte ein Problem bekommen, das sich durchaus als »Hölle« bezeichnen lässt.[138]

Wie sich ein Jenseitskontakt verstehen lässt

Nach einem Vortrag kam ein älterer Zuhörer zu mir, um mir sein folgendes Erlebnis zu erzählen: Während einer Nahtoderfahrung sei ihm sein gestorbener Vater begegnet und habe ihm mitgeteilt, nicht sein leiblicher Vater zu sein. Dennoch habe er die Liebe seines Vaters gespürt – in einer Intensität, die er nicht von ihm gewohnt war. Der Zuhörer habe später recherchiert und die Aussage seines vermeintlichen Vaters bestätigen können. Folglich, so der Zuhörer, müsse es doch eine Art Leben nach dem Tod geben. Andernfalls hätte sein gestorbener Vater ihm unmöglich diese Mitteilung machen können.

Ich gestehe, dass mich dieser Zuhörer sehr beeindruckte. Er strahlte eine Gewissheit aus, wie ich sie auch schon von vielen anderen Nahtoderfahrenen kannte. Wir kamen also ins Gespräch, und ich fragte ihn nach weiteren Einzelheiten zur Begegnung mit seinem Vater. Vor allem wollte ich wissen, wie sein Vater denn ausgesehen habe. Als mir der Zuhörer weder die Kleidung seines Vaters noch sein Alter beschreiben konnte, fragte ich ihn, woran er seinen Vater eigentlich erkannt habe. Er überlegte eine Weile, bis er erwiderte, dass er die Liebe seines Vaters gespürt und es deshalb »einfach gewusst« habe. Daraufhin klickte es bei mir. Könnte es sein, dass es nur den Anschein hatte, als wäre der Zuhörer seinem Vater begegnet? Ich erkundigte mich, ob es sich vielleicht auch so zugetragen haben könnte: Er sei während der Nahtoderfahrung gar nicht seinem Vater begegnet, *sondern der Liebe und dem Wissen seines Vaters.* Auch in diesem Fall hätte ihm dessen Liebe und Mitteilung zuteil werden können. Wieder dachte der Zuhörer eine Weile nach und brach dann plötzlich in Tränen aus. Die Szene war sehr bewegend. Offensichtlich hatte ich, ohne es zu ahnen, eine Welle von Emotionen in ihm ausgelöst. Mir schien, als hätten wir gemeinsam ein kniffliges Rätsel gelöst. Er nickte langsam mit seinem Kopf und bedankte sich, indem er meine Hand ganz fest drückte. Worte brauchte es nicht mehr. Uns verband ein Aha-Erlebnis der ganz besonderen Art.

Dieses Beispiel verdeutlicht sehr schön, dass sich Theorien durchaus im Austausch mit anderen Menschen entwickeln können. Korrekturen sind jederzeit möglich, solange ihnen kein Dogma entgegensteht. Ohne das anhaltende Feedback begeisterter Leser und Zuhörer hätte ich in nur sechs Jahren keine vier Bücher zu diesem Thema schreiben können.

Auch Monique – aus dem Kapitel über die Seele – glaubt, ihrem verstorbenen Vater begegnet zu sein. Er sei ihr genau in dem kritischen Moment erschienen, als sie sich zwischen Leben und Tod entscheiden musste. Er zeigte ihr den Weg ins Licht, der ihren Tod bedeutet hätte, ließ sie aber fühlen, dass ihre Zeit noch nicht gekommen war: »Wie ein lebensgroßer Schatten glitt plötzlich mein Vater um die Ecke. Er sah sich nicht um ... Ich wollte ihn sehen, sein Gesicht, seine Züge. Was ich auch unternahm, er ging weiter und drehte sich nicht eine Sekunde nach mir um. Ich hätte ihn so gern gesehen, ihn berührt, ihn gebeten, ja fast angefleht, mir zu sagen, was ich tun sollte ... An der Haltung meines Vaters erkannte ich, dass er nicht wollte, dass ich ihn [ins Licht] begleitete. Ich liebte ihn, auch hier und jetzt und mit dieser Haltung. *Plötzlich fühlte ich, was er fühlte. Und ich wusste, was er wusste.* Durch ihn begriff ich den Moment und wusste nun auch, was ich zu tun hatte. Es war nicht mein ›Ende‹, es war jetzt seine Welt, seine Sphäre, seine Ebene und sein Licht, dort in der Ferne. Ich musste zurück.«[139]

Monique beschreibt hier genau das, was das oben erwähnte Aha-Erlebnis ausgelöst hatte: Sie fühlte und wusste, was ihr Vater fühlte und wusste. Sie war also auf der richtigen Spur, aber ihre Schlussfolgerung war zu voreilig. Sie muss ihrem Vater nicht wirklich begegnet sein, sondern hatte vielleicht nur Zugriff auf seine Liebe und sein Wissen. Eine physische Begegnung mit dem Vater scheidet schon deshalb aus, weil die Überreste seines Körpers auf irgendeinem Friedhof liegen. Eine Auferstehung des Leibes halte ich für unnötig und unmöglich, weil er beim Tod irreversibel verwest, zu Asche verbrennt oder anderen Lebewesen als Nahrung dient.

Laurelynn glaubt, ihren verstorbenen Schwager getroffen zu haben, ist sich jedoch bewusst, dass er keine physische Gestalt hatte: »Ich bewunderte die Schönheit des Lichts, kam ihm jedoch nicht näher, denn als nächstes spürte ich, dass sich etwas von rechts oben mir näherte. Dann entdeckte ich, dass es mein dreißigjähriger Schwager war, der vor sieben Monaten gestorben war, und damit wuchs mein Gefühl von Glück und Frieden sogar noch an. Ich konnte ihn zwar nicht mit den Augen sehen oder mit den Ohren hören, aber ich *wusste* instinktiv, dass er es war. Er hatte auch keine physische Gestalt, er war einfach präsent.«[140] Dieses eine Mal bin ich so frei und ergänze: »präsent ... als seine Liebe und als sein Wissen.«

> *Ein Jenseitskontakt ist,*
> *wenn jemand den Zugriff auf die Liebe und das Wissen*
> *eines Verstorbenen als Begegnung mit ihm interpretiert.*

Mit dieser einfachen Hypothese lassen sich die meisten Jenseitskontakte verstehen – vorausgesetzt, ein Zugriff auf die Liebe und das Wissen eines Verstorbenen ist möglich. Wie ich bereits ausgeführt habe, fungiert das Licht als ein Speicher für alle Seelen, also auch für die Liebe und das Wissen eines Verstorbenen. Wer es in einer außergewöhnlichen Situation schafft, diesen Lichtspeicher anzuzapfen, kann somit die Liebe eines Verstorbenen fühlen und etwas von dessen Wissen lernen. Außergewöhnlich ist eine Situation sicher dann, wenn das eigene Leben bedroht ist wie bei einer Nahtoderfahrung. Einige Leser schreiben mir, dass sie auch bei einer sehr tiefen Meditation das Gefühl hatten, Verstorbenen begegnet zu sein.

Meine Argumentation klingt kühn, passt aber wunderbar zu der Annahme, dass es im Jenseits keine Individualität mehr gibt. Darum glaube ich auch nicht, dass es möglich ist, über ein sogenanntes *Medium* mit Verstorbenen zu kommunizieren. Falls Ihnen der Gedanke an ein ichloses Jenseits immer noch unerträglich ist, möchte ich Sie bitten, sich in die Abbildungen 27 und 28 zu vertiefen. Sie veranschaulichen, wie ein Jenseits strukturiert sein könnte, das aus sehr vielen Ichs beziehungsweise aus einem Ganzen besteht. Die Zahl der Ichs in Abbildung 27 ist natürlich weit untertrieben. Wenn wir alle Ichs zählen, die es jemals auf unserer Erde gab, gibt und noch geben wird, und wenn wir außerdem alle anderen Lebensformen im Kosmos berücksichtigen, dann würde das Jenseits aus unvorstellbar vielen Ichs bestehen. Gewiss wäre es nicht so friedvoll wie eine Bibliothek, sondern ein großes Chaos. Unvorstellbar viele Ichs hätten nämlich ebenso viele Wünsche und Meinungen, die alle geäußert und erhört werden wollten – ein völlig aussichtsloses Unterfangen, wenn sich in der Ewigkeit nichts mehr verändern lässt.

es geht
mir gut · **ich** · ich · ⊓⊏H · ich · *ich* · liebst du sie
oder mich?

ich · **ich** · ich · **ich** · ich · ich · **ich**

ich · ich · *ich* · *ich* · ich · **ich** · ich

ich · **ich** · ich · ICH · *ich* · ich

ich · ich · ich · ICH · ich · *ich* · i ch · *ich*

ich · **ich** · ich · ich · **ich** · ich · ich · ich

ich · ich · **ich** · *ich* · ich · *ich*

ich · ich · ich · ich · ich · *ich* · **ich**

ich · **ich** · ich · ich · *ich* · ich · ich

jetzt bin · *ich* · **ich** · *ich* · ich bin's
ich dran · ich · **ich** · ich · ich · doch nur

Abb. 27: Ist das Jenseits ein Sammelsurium von Ichs ...?

Abb. 28: ... oder eine Sammlung von wertvollen Seelen?

157

Ein Jenseits wie in Abbildung 27 wäre im Grunde wie ein zweites Diesseits und würde sofort die Frage nach dem Sinn des ersten Diesseits aufwerfen. Eine Bibliothek als Jenseits ist dagegen etwas Geordnetes, Erhabenes. Natürlich ist sie nicht lebendig, aber voll gestopft mit aller Liebe und allem Wissen ist sie die Vollkommenheit schlechthin. Vermutlich werden Sie es kaum für möglich halten: Sämtliche Bücher dieser Bibliothek werden sogar gelesen! Das Lesen im eigenen Buch ist meine Lebensrückschau. Wenn ich die Bücher anderer lese, habe ich das Gefühl, ihnen zu begegnen. Der ältere Zuhörer, von dem ich berichtete, las gerade im Buch seines Vaters, als er glaubte, ihm zu begegnen.

Es ist verständlich, dass sich viele Menschen wünschen, im Jenseits nochmals verstorbenen Angehörigen und Freunden begegnen zu können. Doch kann es mehr sein als eben das – eine Wunschvorstellung? Wie würden wir denn reagieren, wenn wir ihnen tatsächlich begegnen könnten? Sie in unsere nicht mehr vorhandenen Arme nehmen?! Oder ihnen lautlos erzählen, was wir inzwischen alles erlebt haben, obwohl sie es dann ohnehin schon wüssten?! Kommunikation würde im Jenseits gar keinen Sinn machen. *Kann uns denn überhaupt noch etwas voneinander unterscheiden, wenn alle alles wissen?* Ist die Liebe, die aus uns ein Ganzes macht, nicht viel wertvoller als die Individualität, die uns voneinander trennt? Beim Sterben wird es keine echte Begegnung mit Verstorbenen geben, sondern vielmehr ein Zuteilwerden ihrer Liebe und ihres Wissens. Es lohnt sich, wenn wir uns schon heute bewusst machen, dass wir das Ich nicht ins Jenseits hineinretten können. Der Lohn besteht darin, dass wir den Augenblick – das Jetzt – schätzen lernen und zufriedener werden. Reflektieren Sie etwas über diesen Gedanken, ermöglicht er doch eine positive Grundeinstellung zum Tod.

Wie sich eine Wiedergeburt verstehen lässt

Ich habe eine derart einfache Erklärung für das Phänomen »Wiedergeburt« gefunden, dass ich schon oft gefragt wurde, warum sie noch nie diskutiert worden ist. Neugierig geworden? Dann lade ich Sie zu einem weiteren Gedankenexperiment ein: Wie würden Sie reagieren, wenn Sie eines Tages aufwachen und viele Details aus dem Leben einer Person kennen, die vor über 1000 Jahren gelebt hat? Zum Beispiel erinnern Sie sich an das Dorf, in dem diese Person gewohnt hat, sowie an einen markanten Felsen, neben dem sie etwas vergraben hat. Sie entdecken das Dorf auf einer Landkarte, fahren dort hin und finden auch jenen Felsen. Sie fangen an zu graben und bergen einen Behälter mit persönlichen Gegenständen dieser Person.

Wenn mir dieses Erlebnis vor wenigen Jahren widerfahren wäre, hätte ich mit Sicherheit geglaubt, früher schon einmal gelebt zu haben. Und weil das Erlebnis so fantastisch klingt, hätte ich es mit Sicherheit weitererzählt und damit bewirkt, dass immer mehr Menschen an eine Wiedergeburt glauben. Wäre es Ihnen ähnlich ergangen? Wie sonst hätten Sie alle diese Details wissen können, wenn Sie nicht mit dieser Person identisch wären?

Meine folgende Erklärung ist viel einfacher, weil sie nicht voraussetzt, dass Ihr Ich von einem Körper in einen anderen schlüpfen kann: Sie haben ein spirituelles Erlebnis oder eine Nahtoderfahrung im Schlaf und dabei Zugriff auf das Wissen einer Person, die vor über 1000 Jahren gelebt hat. Als Sie wieder bei Bewusstsein sind, überlegen Sie, woher Sie das Wissen einer längst verstorbenen Person haben könnten. Weil Ihnen die Existenz eines jenseitigen Wissensspeichers nicht bekannt ist, denken Sie an das Naheliegende: Sie identifizieren sich irrtümlicherweise mit der anderen Person und glauben an Ihre eigene Wiedergeburt.

> *Eine Wiedergeburt ist,*
> *wenn jemand den Zugriff auf das Wissen eines*
> *Verstorbenen als ein früheres Leben interpretiert.*

Für diese Hypothese spricht ihre Einfachheit: Ein Speicher, der aus Liebe und Wissen besteht, ist wesentlich einfacher strukturiert als ein Gefüge aus unvorstellbar vielen Ichs, die zudem noch unzählige Wiedergeburten durchlaufen sollen. Als Naturwissenschaftler habe ich gelernt, dass Einfachheit ein nicht zu unterschätzendes Kriterium für Wahrheit ist. In der Natur erweisen sich oft die einfachen Gesetze und Zusammenhänge als wahr. Einige Beispiele hierfür habe ich in den Abbildungen 6 und 7 gezeigt.

Woran liegt es, dass niemand bisher diese doch recht einfache Hypothese aufgestellt hat? Ich vermute, dass der Grund wieder – wie bei den Jenseitskontakten – darin zu finden ist, dass wir viel zu sehr auf das Ich fixiert sind. Es kommt den Betroffenen gar nicht in den Sinn, dass ein unauslöschlicher Speicher existieren könnte, der sämtliche Informationen aus früheren Leben enthält. Vielmehr glauben sie daran, dass sie selbst unauslöschlich seien. Wenn sie dem Ich weniger Bedeutung beimessen würden, wäre die Versuchung bestimmt nicht so groß, sich mit einer bereits verstorbenen Person zu identifizieren. Meines Erachtens lässt sich mit dieser Hypothese *jede* berichtete Wiedergeburt verstehen.

Immer wieder behaupten Menschen, schon einmal gelebt zu haben. Im Hinduismus und Buddhismus ist die Reinkarnationstheorie – Lehre von der »Seelenwanderung« – am weitesten verbreitet. Christentum und Islam sorgten mit Feuer und Schwert dafür, dass diese Lehre heute in den westlichen Kulturen nur noch von einigen Randgruppen vertreten wird. Nach hinduistischer Vorstellung ist jedes Lebewesen ein *Atman* (auf Deutsch: individuelles Selbst), das sich nach dem Tod in einem neuen Wesen verkörpert. In welcher Art von Wesen es wiedergeboren wird, hängt von seinem sogenannten »Karma« ab – den Taten in seinen früheren Existenzen: »Wie einer handelt, wie einer wandelt, ein solcher wird er. Aus guter Handlung entsteht Gutes, aus schlechter Handlung entsteht Schlechtes.«[141] Hindus streben danach, diesen Kreislauf von Werden und Vergehen zu überwinden. Erlösung lässt sich auf drei Wegen erlangen: dem Weg des Wissens, dem Weg der Tat und dem Weg der Liebe. Auch für Nahtoderfahrene haben Wissen und Liebe höchste Priorität. Die Parallelen zwischen Hinduismus und Erkenntnissen aus der Sterbeforschung sind frappierend!

Der Buddhismus schließt an die hinduistische Lehre von der Wiedergeburt an, lehnt jedoch die Existenz eines die Inkarnationen überdauernden Selbst ab. Reinkarnation wird hier verstanden als ein »bedingtes Entstehen«, indem die Taten eines Lebewesens und das sich aus ihnen ergebende Karma eine neue Geburt *bedingen,* ohne dass etwas von der einen Person in die andere übergeht. Der Philosoph Arthur Schopenhauer verwendet ein anschauliches Bild, um diesen Zusammenhang zu beschreiben: »Das Individuum zersetzt sich wie ein Neutralsalz, dessen Basis sodann mit einer anderen Säure sich zu einem neuen Salz verbindet.«[142] Wiedergeburt bedeutet demnach nicht, dass ich früher schon einmal gelebt habe, sondern dass ich mich aus Teilen zusammensetze, die von einem früheren Leben stammen können. Gemeint sind nicht nur materielle Teile wie Atome, sondern vor allem die immateriellen Teile. Das ist ein interessanter Aspekt, weil er impliziert, dass Teile von mir unsterblich sind, aber nicht ich. Dasselbe drücken Nahtoderfahrene aus, wenn sie davon sprechen, dass sich das Ich auflöse und dennoch etwas von ihnen bleibe: »Ich war nicht mehr Person, sondern eher wie ein theoretisches Ergebnis meines Lebens, nur noch meine Taten und Erlebnisse machten mich aus. Ich war nicht mehr ein Ich, sondern nur noch so etwas wie eine Essenz.«[143]

Tatsächlich kommt die buddhistische Vorstellung vom bedingten Entstehen meiner Hypothese zur Wiedergeburt sehr nahe. Wenn ich mir der Teile bewusst werde, die aus einem früheren Leben stammen, habe ich plötzlich Zugriff auf ein universelles Wissen. Dass dieser Gedanke nicht völlig aus der Luft gegriffen ist, belegt ein Prinzip, das ich als wichtigste Botschaft der Quantentheorie bezeichnet hatte: Alles hängt mit allem zusammen. Nicht ohne Grund haben sich viele namhafte Physiker wie Fritjof Capra intensiv mit den Aussagen der fernöstlichen Philosophie auseinandergesetzt: »Das wichtigste Merkmal der östlichen Weltanschauung ist das Gewahrsein der Einheit und gegenseitigen Beziehung aller Dinge und Ereignisse, die Erfahrung aller Phänomene in der Welt als Manifestationen einer einzigen fundamentalen Identität. Alle Dinge werden als voneinander abhängige und untrennbare Teile des kosmischen Ganzen gesehen ... Im normalen Leben sehen wir die Einheit aller Dinge nicht, sondern teilen die Welt in getrennte Objekte und Ereignisse ein. Diese Unterteilung ist nützlich und notwendig, um mit unserer alltäglichen Umgebung umgehen zu können, aber sie ist kein Grundzug der Wirklichkeit.«[144]

Aufgrund der Einheit aller Dinge stellt der 14. Dalai Lama, Tendzin Gyatsho, sogar unsere diesseitige Individualität in Frage: »Da wir miteinander handeln und uns gegenseitig beeinflussen, müssen wir annehmen, dass wir nicht unabhängig voneinander existieren.«[145] Diese Sichtweise lässt jeden Gedanken an eine individuelle Wiedergeburt unweigerlich verblassen. Welchen Sinn hätte ein reinkarnierendes Selbst, wenn wir ohnehin nicht unabhängig voneinander existieren? Ich denke, wir zollen dem Ich seinen Respekt, wenn wir es als einmalig begreifen – im Sinne von »etwas Besonderes«, aber auch im Sinne von »einmal auf der Welt«. Wenn es in einem Leben nicht gelingt, das Ich unsterblich zu machen, wird es in tausend Leben auch nicht möglich sein.

Ein Argument, das gegen die Wiedergeburt des Ichs spricht, ist besonders leicht nachvollziehbar: Wenn das Ich wiedergeboren wird, müssten es immer wieder dieselben Ichs sein, die unsere Erde bevölkern. Falls wir nur dem Menschen ein Ich zugestehen, geraten wir schnell in Erklärungsnot, denn die Menschheit erlebt zurzeit eine so noch nie da gewesene Bevölkerungsexplosion:[146]

im Jahr 1804: etwa 1 Milliarde Menschen,
im Jahr 1927: etwa 2 Milliarden Menschen,
im Jahr 1960: etwa 3 Milliarden Menschen,
im Jahr 1974: etwa 4 Milliarden Menschen,
im Jahr 1987: etwa 5 Milliarden Menschen,
im Jahr 1999: etwa 6 Milliarden Menschen,
im Jahr 2011/12: etwa 7 Milliarden Menschen.

Woher sollten plötzlich all die vielen Ichs kommen? Waren Sie etwa in einer Warteschleife? Dieses Argument ist sicher kein stichhaltiger Beweis gegen die Reinkarnationstheorie, weil sich die Zeitspanne zwischen Tod und Wiedergeburt in jüngster Zeit verkürzt haben könnte. Gerade darin zeigt sich aber, wie kompliziert eine solche Theorie wäre. Sie würde noch viel schwerer zu vermitteln sein, wenn nicht nur der Mensch über ein Ich verfügt.

Meine Hypothesen zu Jenseitskontakten und zur Wiedergeburt beruhen auf der Existenz eines Lichtspeichers, der sich anzapfen lässt. Für diesen Speicher gibt es bis heute keinen Beweis. Weil wir ihn aber auch nicht ausschließen können, erwarte ich von einer objektiven Wissenschaft, dass sie diese Möglichkeit zulässt, bis sie widerlegt ist. Die Einfachheit meiner Theorie zeigt sich auch darin, dass sich ihr zufolge Jenseitskontakte und Wiedergeburt bloß in einem einzigen Punkt unterscheiden: Beim Jenseitskontakt hat jemand Zugriff auf das Wissen *und* die Liebe eines Verstorbenen. Weil wir Liebe gewöhnlich von einem Gegenüber erfahren, interpretiert er diesen Kontakt als Begegnung. Bei einer Wiedergeburt hat der Betroffene nur Zugriff auf das Wissen eines Verstorbenen. Weil das Gegenüber entfällt, ist er versucht, sich mit dem Verstorbenen zu identifizieren.

Ich glaube, dass sich in jedem berichteten Jenseitskontakt und in jeder berichteten Wiedergeburt ganz einfach nur der Wunsch nach individueller Unsterblichkeit ausdrückt. Diese Hoffnung ist verständlich, doch sie ist und bleibt lediglich ein Wunsch. Realistischer finde ich die Vorstellung, dass Teile von uns unsterblich sind. Mit diesen Teilen erschaffen wir das Kunstwerk, das ich als »Jenseits« bezeichnet habe. In diesem Kunstwerk sind alle Seelen eins mit Gott – doch was genau heißt »eins«? Die Antwort darauf ist einfacher, als Sie vielleicht vermuten: Eines ist nicht Vieles!

Advaita oder »Eines ist nicht Vieles«

»Als ich die Schuhe ausgezogen hatte und im Ashram vor das Grab des Maharshi trat, wusste ich im Blitz: ›Ja, das ist es.‹ Eigentlich waren schon alle Fragen beantwortet. Wir erhielten im freundlichen Kreis auf grünen, großen Blättern ein wohlschmeckendes Mittagessen. Danach saß ich neben dem Grab auf dem Steinboden. *Das Wissen war da,* und in einer halben Stunde war alles geschehen. Ich nahm die Umwelt noch wahr, den harten Sitz, die surrenden Moskitos, das Licht auf den Steinen. Aber im Flug waren die Schichten, die Zwiebelschalen durchstoßen, die durch Worte nur anzudeuten sind: Du – Ich – Ja. Tränen der Seligkeit. Seligkeit ohne Tränen. Ganz behutsam ließ die Erfahrung mich zur Erde zurück. Ich wusste nun, welche Liebe der Sinn der irdischen Liebe ist.«[147]

Wenn Sie den Verfasser dieser Zeilen nicht kennen, werden Sie kaum erraten, wer hier mit kristallklaren Worten seine Erleuchtung beschreibt. Es ist der Physiker, Philosoph und Friedensforscher Carl Friedrich von Weizsäcker! Wer hätte das vermutet? Einer der großen Denker unserer Zeit bekennt sich ganz offen zu einem spirituellen Erlebnis. Er berichtet von einer blitzartigen Ausdehnung des Wissens und einem beglückenden Schweben, das mit der sanften Rückkehr zur Erde – in seinen Körper – endet. In nur einer halben Stunde hatte er »das Wissen«, wie er selbst schreibt, und die Liebe wurde ihm in ihrer reinsten Form zuteil. Dass Carl Friedrich von Weizsäcker am Grab des indischen Gurus Ramana Maharshi inspiriert wurde, ist wahrscheinlich kein Zufall. Wer

Maharshis Grab aufsucht, setzt sich unweigerlich mit dessen Lehre auseinander und ebnet so den Weg für die eigene Erleuchtung. Ramana Maharshi war der bekannteste Vertreter der Advaita-Lehre des 20. Jahrhunderts. Das Wort *Advaita* (sprich: »A-dvaita«) kommt ursprünglich aus dem Sanskrit, der liturgischen Sprache des Hinduismus und Buddhismus. *Dvaita* (auf Deutsch: Zweiheit) besagt, dass sich die Welt in Teile zerlegen lässt. Die Vorsilbe »A« bedeutet, dass es bei *einer* Welt nicht angemessen ist, von Teilen zu sprechen.

> *Eines ist nicht Vieles.*

Erstmals taucht die Advaita-Lehre in den *Upanishaden* auf, den Schlussversen der *Veden*. Die Veden ihrerseits sind die heiligen Schriften der Hindus und zugleich das älteste, überlieferte Wissen der Menschheit. Wie in anderen Religionen wird die Wahrheit in Gleichnissen vermittelt: »Die Bienen sammeln denselben Honig von den verschiedensten Bäumen. Der Honig bleibt erhalten, aber jede einzelne Honigprobe vergisst, wenn sie einmal gesammelt ist, ihre spezielle Herkunft von einem bestimmten Baum. So wissen die einzelnen ›Seelen‹, die in das große Selbst-Sein eingehen, nicht mehr, woher sie kommen und wohin sie gegangen sind. Sie gehören zum Sein ohne Einzelbewusstsein.«[148]

Nach der Advaita-Lehre ist alles eins, das heißt, es gibt nur das Eine, und das Eine besteht nicht aus Teilen. Wichtig ist die Erkenntnis, dass das Eine nicht von mir verschieden sein kann, weil es sonst noch ein Zweites (nämlich mich) geben würde. Im Gleichnis ist der Honig das Eine. Zwar stammt er von den verschiedensten Bäumen und wurde von mehreren Bienen gesammelt, aber er lässt sich nicht mehr einem bestimmten Baum oder einer bestimmten Biene zuordnen.

Ein anderes Beispiel: Jemand kommt in eine dunkle Hütte und wähnt vor sich eine Schlange. Ist es eine Giftschlange mit tödlichem Biss? Er erstarrt und erlebt Todesangst, doch nichts rührt sich. Dann bemerkt er seinen Irrtum – vor ihm liegt nur ein zusammengerolltes Seil. Dieses Gleichnis hatte für Adi Shankara, der die Advaita-Lehre im 9. Jahrhundert strukturierte, einen hohen Stellenwert. Das Seil steht für die Wirklichkeit, die hineingedeutete Schlange für die Illusion. Damit veranschaulicht Shankara, wieso wir eine duale Welt erleben, obwohl es doch nur das Eine gibt. Wegen unserer Unwissenheit überdecken wir die Wirklichkeit ständig mit illusionären Vorstellungen. Wer die Wirklichkeit mit einer Schlange verwechselt, leidet Angst und Schmerz. Erleuchtung heißt, dass ich das Seil auch als solches erkenne. Nach Shankara kann ich die Unwissenheit durch Meditation überwinden und so die Vereinigung mit der Weltseele *Brahman* erreichen: »In einem Satz sei es verkündet, was man in tausend Büchern findet. Nur Brahman ist wirklich, die Welt ist Schein, das Selbst ist nichts als Brahman allein.«[149]

Wem die Advaita-Lehre »zu fernöstlich« klingt, sei gesagt, dass es in der griechischen Philosophie gleich drei bemerkenswerte Parallelen dazu gibt. Auch der Philosoph Platon lehrte in seinem berühmten *Höhlengleichnis,* dass wir stets nur verzerrte Bilder der Wirklichkeit wahrnehmen: Mit dem Rücken zum Ausgang sitzen wir in einer dunklen Höhle und sehen die Wirklichkeit bloß als unscharfe Schatten auf einer Höhlenwand.[150] Mit dem Unteilbaren befasste sich auch der Philosoph Demokrit. Er prägte den Begriff *Atom,* indem er die *atomoi* (auf Deutsch: Unteilbare) als den »Urstoff von allem« bezeichnete.[151] Ganz anders als Shankara stellte sich Demokrit die Welt aber aus Atomen zusammengesetzt vor – ein höchst trügerisches Bild, an dem die Naturwissenschaft festhielt, bis die Quantentheorie die Verbundenheit in den Mittelpunkt rückte. Doch selbst diese Verbundenheit finden wir schon bei einem griechischen Philosophen. Parmenides, der wie auch später Descartes vom Denken ausging, kam zu dem Schluss, dass alles ein einziges Seiendes ist: »Eines ist das Ganze.«[152] Daraus folgt, dass alles mit allem verbunden sein muss. Indem Parmenides die wichtigste Botschaft der Quantentheorie bereits vor 2500 Jahren verkündete, hat er fürwahr eine Meisterleistung vollbracht.

Mit Shankara und Parmenides kommen zwei große Philosophen aus verschiedenen Kulturkreisen zu einem ähnlichen Ergebnis wie die moderne Physik: Die Welt ist ein Ganzes. Deshalb kann ich die Welt nur dann verstehen, wenn ich sie nicht in Teile zerlege. Ich darf mich also insbesondere nicht als von ihr getrennt begreifen, sondern ich muss eins mit ihr sein, um sie zu verstehen. Dieser letzte Satz gilt nicht nur für jeden von uns, sondern auch für Gott. Darum bezeichne ich Gott als »Schöpfer und Schöpfung in einem«.

> *Das Ganze lässt sich nur als Ganzes verstehen.*

Eine von vielen Möglichkeiten, sich Advaita vorzustellen, bietet ein Mandala (siehe Abbildung 29). Es zeigt, wie alles mit allem verbunden sein kann, ohne einen Anfang oder ein Ende zu haben. Die Öffnung in der Mitte, durch die sich die Wahrheit erschließt, enthält das Symbol *Aum* oder *Om*. Es gilt als das bedeutendste Schriftzeichen der hinduistischen Metaphysik und ist mit dem christlichen *Amen* vergleichbar.[153] Aum steht für den Urklang, aus dessen Vibrationen nach hinduistischem Verständnis das Universum entstanden ist. Auch im Buddhismus spielt Aum eine große Rolle. Dort bezeichnet es die »Gegenwart des Absoluten«.

Haben Sie ein paar Minuten Extrazeit?
Dann meditieren Sie über das Mandala!

Sehen Sie, wie ein Netz alles verbindet?
Folgen Sie einer Linie in diesem Netz!

Erkennen Sie, dass das Netz leuchtet?
Suchen Sie die Quellen dieses Lichts!

Nehmen Sie wahr, dass Sie atmen?
Summen Sie A–u–m beim Ausatmen!

Spüren Sie, wie Ihr Körper vibriert?
Herzlich willkommen im Jetzt!

Abb. 29: Advaita als Mandala

Falls Ihnen das Mandala nicht hilft, im Jetzt anzukommen, möchte ich Ihnen eine jüdische Geschichte erzählen. Darin erfahren Sie, weshalb es uns heute so schwerfällt, im Jetzt zu leben: *Die Schüler fragten den Rabbi, was das Geheimnis seiner Weisheit sei. Darauf antwortete er ihnen: »Wenn ich sitze, sitze ich; wenn ich stehe, stehe ich; wenn ich gehe, gehe ich.« Die Schüler sahen sich betreten an und meinten, sie hätten nicht recht verstanden. Also fragten sie den Rabbi erneut: »Meister, was ist das Geheimnis deiner Weisheit?« Er aber sprach: »Wenn ich sitze, sitze ich; wenn ich stehe, stehe ich; wenn ich gehe, gehe ich.« Da wurden die Schüler ungehalten und erwiderten: »Meister, was du sagst, tun wir auch, aber wir sind weit entfernt von deiner Weisheit.« Da schüttelte der Rabbi lächelnd den Kopf. »Nein«, sagte er, »wenn ihr sitzt, seid ihr schon aufgestanden; wenn ihr steht, seid ihr schon losgegangen; wenn ihr geht, seid ihr schon angekommen.«*[154] Dieser Rabbi ist achtsam bei allem, was er tut. Der Mystiker Willigis Jäger nennt Achtsamkeit »die schwerste, aber auch wichtigste asketische Übung. Sie ist eine ständige Unterbrechung der Ichbefriedigung.«[155] Achtsamkeit ist ein Ausdruck von Liebe, und sie ist insbesondere *der Schlüssel zum Jetzt und zum Loslassen vom Ich*. Geben Sie meinem Mandala eine zweite Chance!

Interessanterweise geht auch die moderne Physik davon aus, dass Vibrationen die Grundlage des Kosmos sind.[156] Die sogenannte »Stringtheorie« nimmt an, dass die fundamentalen Bausteine dieser Welt eindimensionale *strings* (auf Deutsch: Saiten) sind. Die beobachtbaren Teilchen entsprechen unterschiedlichen Schwingungen der Saiten. Das Ziel der Stringtheorie besteht darin, alle bisher bekannten physikalischen Kräfte einheitlich zu erklären. Mit punktförmigen Elementarteilchen ließ sich dieses Ziel nicht erreichen.

Bedingt durch unsere materiellen Sinnesorgane nehmen wir eine von Materie geprägte Welt wahr. Wie leicht sich solche Sinne täuschen lassen, durften wir am Experiment mit den überkreuzten Fingern erfahren (siehe Abbildung 11). Der Quantenphysiker Hans-Peter Dürr vermutet, dass dem materiellen Kosmos noch ein immaterielles Informationsfeld zugrundeliegt. Er nennt es den »Urgrund der Lebendigkeit«.[157] Im Zen-Buddhismus ist dieser Urgrund ein Ozean, aus dem das Ich wie eine Welle aufsteigt und wieder vergeht. Thich Nhat Hanh, buddhistischer Mönch und Zen-Meister, findet die passenden Worte: »Erleuchtung wäre für eine Welle der Augenblick, in dem sie erkennt, dass sie Wasser ist.«[158] Mit diesem Bild im Hinterkopf biete ich nun Antworten auf die folgenden drei Fragen an und ziehe zugleich ein Resümee:

Frage 1: Welchen Platz habe ich in Advaita?
Frage 2: Wie verhält sich die Ewigkeit zu Advaita?
Frage 3: Was bedeutet Advaita in Bezug auf Gott?

Antwort auf Frage 1:
Seit Menschengedenken versuchen wir, uns selbst und die ganze Welt zu verstehen. Dass wir uns zurzeit in einem großen Wandel befinden, ist kaum zu übersehen. Immer mehr Menschen begreifen, dass Jahrhunderte alte Vorstellungen vom Ich und von Unsterblichkeit heute nicht mehr haltbar sind. Wissenschaft und Spiritualität verblüffen in jüngster Zeit mit ähnlichen Erkenntnissen: Quantenphysiker lehren, dass alles mit allem zusammenhänge. Bewusstseinsforscher wie Thomas Metzinger behaupten, dass das Ich lediglich ein komplexes physikalisches Ereignis im Zentralnervensystem sei.[159] Moderne Mystiker wie Willigis Jäger betrachten das Ich als Eingrenzung, die wir uns selbst auferlegen: »Das Ich erträgt es nicht, dass es sterben muss.«[160] Aus alledem folgt,

dass das Ich gar keine eigene Existenz hat. *Das Ich ist die erlebte Verbindung von Körper und Seele.* Wenn der Körper stirbt, dehnt sich die Seele immer weiter aus, bis die Verbindung aufgelöst ist und das Ich-Erlebnis erlischt. Solange wir das Ich überbewerten, wird sich diese Erkenntnis jedoch nur sehr langsam in unseren Köpfen durchsetzen. Das Ich erlebt sich in seinem Körper und grenzt sich dadurch von anderen Individuen ab. Indem es sich über sein Gegenüber definiert, erzeugt es eine scheinbare Dualität zwischen sich und dem, was es nicht ist und nicht hat. Die vom Ich erzeugte Dualität ist die Ursache für alles Leid. Es leidet stets nur das Ich, das geboren wird und folglich wieder sterben muss. Im Bild von der Welle: Wenn eine Welle sich nur als Welle versteht, hat sie Angst zu vergehen. Sobald sie erkennt, dass sie Wasser ist, verliert sie ihre Angst, weil sie dann weiß, dass sie vergehen muss und das Wasser dennoch weiter existiert.

Angenommen, Sie haben einen Wunsch frei – wie lautet er? Viele Menschen wünschen sich Gesundheit, Zufriedenheit, ein langes Leben, finanzielle Unabhängigkeit oder aber Erfolg im Beruf. Von all diesen Wünschen profitiert das Ich. Nur wenige Menschen wünschen sich etwas für andere – für hungernde Kinder, für Gewaltopfer, für Kranke. Warum ist das so? Weshalb denken wir zunächst oft an uns selbst? Ich erinnere mich noch gut an eine Lesung, bei der ein Schüler das Schlusswort sprach: »Dann locken uns doch die materiellen Werte, die wir überall vermittelt bekommen, auf eine völlig falsche Fährte.« Kaum hatte er das gesagt, war es im ganzen Saal mucksmäuschenstill. Von jedem Zuhörer war zu spüren, dass soeben bei uns allen etwas sehr tief gefallen war – der materielle Groschen! Für einen Moment hatte ich das Gefühl, mit jenem Schüler eng verbunden zu sein. Nicht nur die Liebe kann aus zweien ein Ganzes machen, sondern auch das Wissen.

Ich halte es für angebracht, heute von einem »Ich-Wahn« in unserer Gesellschaft zu sprechen. *Der Ich-Wahn* wäre sogar ein passender Buchtitel gewesen, aber – Hand aufs Herz – hätten Sie sich dann genauso angesprochen gefühlt? Terroranschläge und Amokläufe betrachte ich als besonders fatale Auswirkungen des Ich-Wahns. Terroristen sind so stark auf ihre Ideologie fixiert, dass sie meinen, selbst Gott spielen zu müssen. Amokläufer fühlen sich oft so ausgegrenzt, dass sie andere – zum Beispiel ihre Lehrer – für die eigene Situation verantwortlich machen. Sowohl die Quantentheorie als auch Advaita lehren uns, dass nichts in dieser Welt losgelöst von allem anderen geschieht. Wir könnten den Privatbesitz von Schusswaffen generell verbieten, um Missbrauch vorzubeugen. Wir könnten von unserem Wohlstand viel mehr abgeben, damit es anderen besser geht. Wir könnten den Handel mit Ländern wie China einstellen, in denen die Menschenrechte mit Füßen getreten werden. Eigentlich wissen wir das alles, aber wir sind wohl noch nicht bereit, zugunsten eines höheren Ideals auf materielle Bedürfnisse zu verzichten.

Wer nun wie der Evolutionsbiologe Richard Dawkins von einem »Gottes-Wahn« spricht und den Religionen sogar die Schuld für den 11. September 2001 gibt,[161] zeigt sich ebenso intolerant wie diejenigen, die er kritisiert. Dawkins kann nicht erwarten, dass alle Menschen seinen Atheismus teilen. Gott ist nicht verantwortlich, wenn menschengemachte Religionen negative Auswirkungen auf die Gesellschaft haben. Schuldig ist, wer seine Vorstellung von Gott für einen »heiligen Krieg« missbraucht. Religionen tragen allenfalls eine Mitverantwortung für die Entstehung des *Ich*-Wahns. Wer seinen Gläubigen ein unsterbliches Ich verspricht, darf sich nicht wundern, wenn sie es schon im Leben überbewerten. Spätestens der Tod wird allem Ich-Wahn ein Ende setzen.

Antwort auf Frage 2:

Nun wollen wir überlegen, in welchem Verhältnis Ewigkeit und Advaita zueinander stehen. Wir erinnern uns: Ewigkeit ist die Perspektive, aus der jede Distanz den Wert null hat. Wenn jede Distanz den Wert null hat, wird jedes Gegenüber zum Selbst, das heißt, es gibt nur noch Eines. Folglich führt meine Definition von Ewigkeit direkt zur Kernaussage von Advaita. Dieser Befund ist bemerkenswert, weil ich meiner Definition die Perspektive des Lichts zugrundegelegt hatte. Also beruht die Advaita-Lehre auf derselben Erkenntnis wie Einsteins Relativitätstheorie! Mit der Perspektive des Lichts lässt sich auch die wichtigste Botschaft der Quantentheorie verstehen: *Über das Licht* hängt alles mit allem zusammen, weil Distanz aus seiner Perspektive keine Rolle mehr spielt. Indem ich glaube, dass das Licht dem Jenseits oder Nirvana entspricht, baue ich die Brücke zur Religion. Weil Advaita kein Ich zulässt, muss Nirvana »Ichlosigkeit« bedeuten. Der Unterschied zwischen Jenseits und Nirvana ist marginal. Ich hatte das Jenseits als das bezeichnet, was nach dem Sterben von uns bleibt. Das Nirvana ist auch während einer Meditation erreichbar. Wenn wir also »Sterben« durch »Loslassen« ersetzen, sind Jenseits und Nirvana nahezu identisch.

Auch die *Liebe* und das *Wissen* in den westlichen Kulturen haben Entsprechungen in den fernöstlichen Lehren, nämlich die *Verbundenheit* aller Dinge und die meditativ erfahrbare *Wahrheit*. Damit sind die Brücken zwischen Wissenschaft, Spiritualität und Religion gebaut. Das Einzige, was sie zum Einsturz bringen könnte, ist ein tonnenschweres Ich. Viele Menschen glauben, dass es nach dieser Welt noch eine bessere Welt geben müsse, die von ihnen erlebt werden könne. Religionen bestärken sie in ihrem Glauben, indem sie Hoffnungsbilder anbieten – der Himmel, die heile Welt, komme erst noch. Religionen leben von solchen Bildern, aber was ist, wenn sie sich nicht erfüllen? Manche Pfarrer stellen auf Beerdigungen ein »Wiedersehen« mit den Verstorbenen in Aussicht, um Trost zu spenden. Andere Pfarrer geben dieses Versprechen bewusst nicht, weil sie keine Hoffnungen wecken wollen, die sich später womöglich als falsch erweisen. Die Ewigkeit ist eben keine Verlängerung von Zeit, die uns ein Wiedersehen mit Verstorbenen bescheren könnte. Es ist die Endlichkeit des Lebens, die den Augenblick so wertvoll macht. Der Sinn des Lebens – nämlich Fühlen und Lernen – geschieht jetzt. Auch hier passt das Bild von der Welle: Sie bewegt sich nicht später auf dem Ozean, sondern jetzt.

Antwort auf Frage 3:

Was bedeutet Advaita in Bezug auf Gott? Viele Gläubige machen sich nicht bewusst, dass sie Gott ins Jenseits schieben, wenn sie auf einen Erlöser hoffen, der sie im Tod von allem Unheil erlösen solle. Wir werden Gott nicht im Tod begegnen, sondern Gott ist im Leben mitten unter uns – hier und jetzt! *Indem wir leben, entfaltet sich Gott.* Im Grunde verhalten sich Gott und Mensch genau wie das Wasser und die Welle. Wasser ist nicht Welle, und Welle ist nicht Wasser. Aber Wasser braucht Wellen, um sich zu bewegen; und Wellen brauchen Wasser, um zu existieren. In jeder Welle, also in jedem von uns, schlüpft Gott aus dem Ozean heraus und wird sich seiner bewusst. Interessant ist der Gedanke, dass ich in der Advaita-Lehre auch kein Gegenüber für Gott bin. Mein Leben ist zugleich Gottes Leben. Der Theologe, Philosoph und Mystiker Meister Eckhart beschreibt das so: »Gott und ich, wir sind eins. Durch das Erkennen nehme ich Gott in mich hinein; durch die Liebe hingegen gehe ich in Gott ein.«[162] Genau dasselbe meint Christus, wenn er sagt: »Ich und mein Vater sind eins.«[163] Advaita lässt grüßen! Ich glaube, Jesus war Mensch wie wir, doch seine Erleuchtung machte ihn zu dem Christus, zu dem die Christen beten. Die Bedeutung von ihm und anderen Religionsstiftern liegt vor allem darin, dass sie uns Wege zeigen, die zur Erleuchtung führen. Indem wir so leben wie sie, erkennen wir, worauf es wirklich ankommt: Gott will gar nicht exzessiv mit Ritualen verehrt werden, sondern einfach durch uns leben – als wir, als tanzende Wellen auf einem Ozean.

Viele Menschen sind heute auf der Suche nach Spiritualität. Sie geben sich nicht mit vorgesetzten Glaubensbotschaften zufrieden, sondern wollen selbst Erfahrungen machen. Also kehren sie sich von Religionen ab, die aus der Unterweisung ein Dogma machen. Spiritualität lässt sich nicht predigen – sie muss erfahren werden, zum Beispiel durch Übungen der Achtsamkeit. Wenn Eines nicht Vieles ist, dann können der Gott der Christen und der Gott der Moslems nicht zwei sein, *sondern sie sind eins.* Das Gleiche gilt natürlich auch für die Götter der Hindus, Buddha und den Gott der Juden. Weil viele Kriege einen religiösen Hintergrund haben, betrachte ich es als eine sinnvolle Aufgabe, die Inhalte von Advaita allen Menschen zugänglich zu machen. Wer Advaita einmal verinnerlicht hat, wird nie mehr für einen Gott in den Krieg ziehen. Die beste Investition, um einen dritten Weltkrieg zu verhindern, ist kein hoher Rüstungsetat, sondern eine breite Allgemeinbildung für alle Kinder dieser Welt. Sobald wir Achtsamkeit und ein kritisches Hinterfragen in den Schulen fördern, kann eine junge Generation heranwachsen, die aus eigenem Antrieb nach der Goldenen Regel lebt.

Was ich in diesem Buch als die wichtigsten Botschaften der Evolutionstheorie, der Relativitätstheorie und der Quantentheorie bezeichnet habe, ist nicht neu. Ungewöhnlich ist der

Kontext, in den ich diese Theorien stelle. Indem ich sie mit Nahtoderfahrungen und fernöstlicher Philosophie verknüpfe, bringe ich Spiritualität ins Spiel. Indem ich Schöpfer und Schöpfung als Gott begreife, beziehe ich Religion mit ein. Wissenschaft, Spiritualität und Religion schließen sich nicht gegenseitig aus, sondern ergänzen sich zu einem Ganzen:

Das Ganze verstehen

Ob ich das Wunderbare bestaune,
die Perfektion eines Schneekristalls,
oder das Erstaunliche bewundere,
die Harmonie einer Spiralgalaxie,

ob ich das Unbegreifliche erfasse,
die Vollendung des Lebens im Tod,
oder das Unfassbare begreife,
die Schöpfung von neuem Leben,

ob ich das Unbekannte erforsche,
Regeln und Zufälle in der Natur,
oder das Unerforschliche erkenne,
warum etwas so ist, wie es ist,

nirgendwo treffe ich Gott in Person,
doch stets auf Ordnung und Vernunft.

Ordnung beruht auf Verbundenheit,
also wurde ich hungrig nach Liebe,
und Vernunft offenbart die Wahrheit,
also wurde ich durstig nach Wissen.

Plötzlich war es einfach da – Gott.

In meinem Gedicht habe ich fünf Textzeilen hervorgehoben. Sie gaben den fünf Buchabschnitten ihre Überschrift. Dieses Buch wäre unvollständig, wenn ich mich nirgendwo zu seinem Titel äußern würde: *Bin ich, wenn ich nicht mehr bin?* Ich frage nicht, wer oder wo ich bin, sondern ob ich noch bin! Nach allem Gesagten ist das Ich wichtig, um Liebe zu fühlen und Wissen zu lernen, aber es existiert nicht um seiner selbst willen. Natürlich kann ich nicht mehr sein, wenn ich nicht mehr bin. Alles andere wäre ein logischer Widerspruch in sich. Gleichwohl könnte meine Seele noch sein – allerdings nur, wenn die Seele ichlos ist. Und genau das ist die Botschaft: Meine Seele kann noch sein, wenn ich längst gestorben bin. Wie ich erläutert habe, spricht Vieles dafür, dass eine solche Seele wirklich existiert.

Sterben ist nach der Geburt das wichtigste Ereignis in Ihrem Leben, doch die Kunst des Sterbens liegt gerade im Loslassen vom Ich. Die Angst davor kann nur zusammen mit dem Wunsch nach einem unsterblichen Ich verschwinden. Also klammern Sie nicht am Ich, sondern lassen Sie sich auf die Lebensrückschau ein, wenn es soweit ist! Sie haben nichts zu verlieren. Dafür wird Ihrer Seele das schönste Geschenk zuteil, das es gibt: Sie darf eins werden mit Gott.

Noch eine Frage zum Schluss: Die deutsche Sprache hat mit den Wortschöpfungen »Liebeshunger« und »Wissensdurst« zwei bezeichnende Begriffe kreiert. Ist auch das nur ein Zufall? Mit Liebe seinen Hunger stillen und mit Wissen seinen Durst löschen – dieses religionsunabhängige »Abendmahl« können wir alle täglich praktizieren, ohne uns über Gott den Kopf zu zerbrechen.

Na denn,
Prosit und guten Appetit!

Kompakt

Fünf Begriffe

Wer oder was ist Gott?
Gott ist Schöpfer und Schöpfung in einem.
Die Schöpfung organisiert sich selbst, das heißt, sie ist ihr
eigener Schöpfer. Das Leben ist ein tiefsinniges Spiel um
das Erschaffen von Liebe und Wissen.

Was ist die Ewigkeit?
Die Perspektive, aus der jede Distanz den Wert null hat.
Diese Definition setzt keine spekulative Zusatzdimension
voraus. Physikalisch betrachtet befindet sich das Licht in
der Ewigkeit und ist dennoch mitten unter uns.

Was ist die Seele?
Gefühlte Liebe und gelerntes Wissen.
Nahtoderfahrene bezeichnen Liebe und Wissen oft als das
Wichtigste im Leben. Also kennzeichnet diese Auffassung
von Seele den wertvollsten Teil eines Lebewesens.

Was ist das Ich?
Die erlebte Verbindung von Körper und Seele.
Wegen des sterblichen Körpers hat das Ich keine eigene
Existenz. Weil die Ewigkeit keine Entwicklung zulässt,
kann es kein Leben nach dem Tod geben.

Was ist das Jenseits?
Die Summe von allen Seelen.
Wir bereichern das Jenseits mit jeder Liebe, die wir fühlen,
und mit jedem Wissen, das wir lernen. Folglich besteht der
Sinn des Lebens aus Fühlen und Lernen.

Fragen und Antworten

Was motiviert Sie als Physiker und Medizintechniker der ältesten deutschen Universität, über die Ewigkeit nachzudenken und Bücher darüber zu schreiben?

Niemz: Erstens die Erkenntnis, dass sogar die Physik einen Platz für die Ewigkeit hat – im Licht! Die Parallelen zu sogenannten Nahtoderfahrungen sind verblüffend. Zweitens der Ansporn, ein besonders kniffliges Rätsel zu lösen. Ich finde Erfüllung, sobald ich mich wie ein Suchender mit der Ewigkeit auseinandersetze.

Sind Nahtoderfahrungen real, und wie erforschen Sie diese?

Niemz: Es gibt viele bezeugte Berichte, in denen Menschen während eines Herzstillstands etwas erlebt haben, was sich tatsächlich zugetragen hat – aber an einem ganz anderen Ort oder zu einer ganz anderen Zeit. Daraus schließe ich, dass Nahtoderfahrungen real sind. Wir entwickeln elektronische Überwachungsgeräte für Patienten auf Intensivstationen. Gespräche mit Menschen, die sich in einer lebensbedrohlichen Situation befanden, bilden eine wichtige Grundlage für meine Bücher. Im Einklang mit Physik und Religion habe ich daraus eine in sich schlüssige Theorie über das Leben und den Tod entwickelt.

Darin verknüpfen Sie erstmals Nahtoderfahrungen mit Einsteins Relativitätstheorie. Wie passt das eine zum anderen?

Niemz: Im Jahr 2005 las ich in einer Fachzeitschrift, wie wir unsere Umgebung wahrnehmen würden, wenn wir fast mit Lichtgeschwindigkeit unterwegs sein könnten. Es handelte sich um eine physikalische Simulation beruhend auf Einsteins Relativitätstheorie und sah aus wie ein Flug durch einen Tunnel. Die abgebildeten Fotos und die sehr hohe Geschwindigkeit erinnerten mich spontan an die Berichte von Sterbenden, in denen oft vom Licht am Ende eines Tunnels die Rede ist. Der Tunnel und das veränderte Gefühl für Raum und Zeit lassen sich mit der Relativitätstheorie deuten, wenn wir annehmen, dass ein Teil von uns ins Licht eintaucht.

Handelt es sich bei diesem Teil um die Seele?

Niemz: Dieser Schluss liegt nahe, wenn wir bereit sind, die Erfahrungen von Sterbenden wirklich ernst zu nehmen. Meine wichtigste Erkenntnis aus Gesprächen mit Nahtoderfahrenen ist, dass die Liebe und das Wissen die höchsten Werte sind, die uns das Leben zu bieten hat. Weil ich die Seele für den wertvollsten Teil jedes Lebewesens halte, setze ich sie folgerichtig mit seiner gefühlten Liebe und seinem gelernten Wissen gleich.

Kann diese Seele selbst noch etwas fühlen oder lernen?

Niemz: Nein. So, wie ich die Seele definiere, hat sie kein Ich. Sie kann sich auch nicht ihrer selbst bewusst werden. Das Ich besteht aus einem materiellen Körper zum Fühlen und Lernen sowie aus einer immateriellen Seele zum Speichern der gefühlten Liebe und des gelernten Wissens. Die Seele agiert also nicht, sondern sie ist der positive Lebensinhalt. Positiv ist alles, was ich zum Erfolg der ganzen Schöpfung beitrage. Dieser Ansatz ist ungewöhnlich, geht aber mit Erkenntnissen aus der Sterbeforschung konform.

Ist diese Seele unsterblich?

Niemz: Ja, das ist sie. Weil die Seele keine Masse hat, kann sie beim Sterben ins Licht eintauchen. Das Licht umfasst alle Seelen und steht für das sogenannte Jenseits. Reizvoll an diesem Gedanken ist, dass er Physik und Religion miteinander verknüpft: Für das Licht hat jede räumliche und zeitliche Distanz den Wert null, und diese Perspektive nenne ich Ewigkeit. Es könnte kaum besser passen – die Seele ist unsterblich, der Körper nicht.

Das Licht ist doch Bestandteil unserer Welt. Wie kann es zugleich das Jenseits sein?

Niemz: Die Frage bringt etwas zum Ausdruck, was mir die Kraft gibt, meine Theorie in der breiten Öffentlichkeit vorzustellen. Ein Jenseits in einer höheren Dimension oder außerhalb unseres Universums wäre äußerst unbefriedigend. Die Quantentheorie lehrt uns, dass alles miteinander verwoben ist. Falls so etwas wie Gott existiert, hätte er oder es das Jenseits wohl kaum raffinierter anlegen können, als es mitten im Diesseits zu platzieren – als Licht! Schon wieder passt ein wichtiges Puzzleteil, weil das Licht in den Religionen und in der Physik eine Sonderstellung einnimmt. Es ist uns immer einen Schritt voraus.

Glauben Sie denn an Gott?

Niemz: Nun, das kommt natürlich sehr darauf an, was wir eigentlich unter Gott verstehen wollen. Ich habe einen recht einfachen Gottesbegriff, der nicht auf eine bestimmte religiöse Überzeugung zugeschnitten ist: Gott ist Schöpfer und Schöpfung in einem, das heißt, die Schöpfung ist ihr eigener Schöpfer. Dass so etwas wirklich möglich ist, zeigen viele selbstorganisierende Prozesse in der Physik und Biologie. Weder Gläubige noch Ungläubige können diesen Gott leugnen, weil jedes Lebewesen ein Geschöpf ist. Das Leben betrachte ich als ein tiefsinniges Spiel um das Erschaffen von Liebe und Wissen.

Wollen Sie damit sagen, dass Gott mit uns spielt?

Niemz: Nein, natürlich nicht. Gott spielt nicht mit uns, sondern durch uns. Dass unser Leben ein Spiel ist, lässt sich kaum von der Hand weisen. Die Welt strotzt nur so vor Regeln und Zufällen, den Grundelementen eines jeden Spiels. So lässt sich sogar das Böse mit Gott vereinbaren. Wer Opfer von menschlicher Gewalt oder von einer Naturkatastrophe wird, war zufällig zur falschen Zeit am falschen Ort. Dann stirbt zwar das Ich, aber nicht die Seele.

Wird es denn ein Wiedersehen mit Verstorbenen geben? Glauben Sie an ein Leben nach dem Tod?

Niemz: Beim Schreiben meines ersten Buches glaubte ich noch an ein Leben nach dem Tod, aber es handelte sich wohl mehr um eine Wunschvorstellung als um eine rationale Überlegung. Heute bin ich davon überzeugt, dass es kein Leben nach dem Tod geben kann, weil die Ewigkeit keine Entwicklung zulässt. Ewigkeit bedeutet, dass alles präsent ist, was jemals im Universum geschieht. Das Hauptproblem bei jeder Diskussion über ein Leben nach dem Tod besteht darin, dass das Ich in den westlichen Kulturen einen viel zu hohen Stellenwert hat. Der Tod verliert seinen Schrecken, wenn ich begreife, dass meine Liebe und mein Wissen noch viel wertvoller sind als mein Ich. Dieser Gedanke hat mir sehr geholfen, den Tod meiner beiden Eltern zu verarbeiten, weil ich nun die volle Bedeutung dessen erfasst habe, dass wir alle sterblich sind, dass jedoch unsere Liebe zueinander unsterblich ist.

Ihre Theorie klingt plausibel, doch was nützen mir meine Liebe und mein Wissen, wenn es mich nach dem Tod nicht mehr gibt?

Niemz: Das ist der Knackpunkt, den wir häufig nach meinen Lesungen und Vorträgen diskutieren. Ich denke, dass sich diese Frage erübrigt, weil die Liebe und das Wissen die höchsten Werte sind und folglich nichts Höherem nützen müssen. Liebe zeichnet sich gerade dadurch aus, dass sie zweckfrei und uneigennützig ist. Außerdem stellt sich in der Ewigkeit gar nicht die Frage, wozu etwas gut sei, weil die Ewigkeit keine Zukunft kennt!

Lässt sich daraus der Schluss ziehen, dass wir im Leben tun und lassen können, was wir wollen?

Niemz: Sicher können wir das. Grausame Verbrechen wie Attentate oder Amokläufe belegen, dass wir einen freien Willen haben. Die Frage ist allerdings, ob wir so handeln sollten. Meine Antwort hierauf ist ein klares Nein, weil uns allen die größte Lernerfahrung noch bevorsteht – das Sterben. Obwohl es in vielen Nahtoderfahrungen nachzulesen ist, scheint es kaum jemand zu wissen: Beim Sterben durchlebe ich mein ganzes Leben noch einmal, aber nicht nur aus meiner Perspektive, sondern aus den Perspektiven aller, die irgendwie daran beteiligt waren. In der Lebensrückschau fühle ich also allen Schmerz und alle Liebe, die ich anderen zugefügt habe. Die Vielfalt an Perspektiven macht die Rückschau zur lehrreichsten Lektion der Welt. Sie widerspricht nicht der christlichen Vorstellung vom jüngsten Gericht, sondern sie ist das jüngste Gericht. Dabei wird jeder sein eigener Richter sein.

Warum sollten wir uns eigentlich mit dem Sterben befassen, wenn wir noch mitten im Leben stehen?

Niemz: Sterben gehört zum Leben wie der Abend zum Tag. Ich halte einen Wandel in unserer Einstellung zum Leben, zum Sterben und zum Tod für dringend erforderlich. Leider ist der Tod in unserer Gesellschaft immer noch ein Tabuthema. Wer im engsten Familien- oder Freundeskreis mit dem Tod konfrontiert wird, ist psychisch oft überfordert und nicht ausreichend auf diese Ausnahmesituation vorbereitet. Eine frühzeitige Auseinandersetzung mit dem Sterben kann hier Abhilfe schaffen. Ich hoffe aufrichtig, dass meine Bücher einen positiven Beitrag dazu leisten können.

Beeinflusst Ihre Theorie auch Ihren persönlichen Lebensstil?

Niemz: Ganz gewiss. Ich habe doch nur diesen einen Kopf, und in ihm muss alles zusammenpassen, was ich aus Naturwissenschaft, Sterbeforschung und Religion gelernt habe. Mir fällt auf, dass ich seither ein viel kritischeres Verhältnis zu Werten habe. Ich lege heute keinen großen Wert mehr auf materiellen Besitz, dafür umso mehr auf Liebe und Wissen. Zudem will ich mich anderen verstärkt mitteilen, um dadurch etwas in der Welt zu bewegen.

Haben Sie Vorbilder?

Niemz: Ja, drei möchte ich besonders hervorheben. In der Antike ist es Sokrates, der mich mit seinen scharfsinnigen Fragespielen fasziniert. Ab und zu versuche ich, selbst in seine Rolle zu schlüpfen. In jüngerer Zeit sind es vor allem der Mystiker Willigis Jäger sowie der Quantenphysiker Hans-Peter Dürr, die mich inspirieren. Sie beide haben mich gelehrt, dass ich gegen den Strom schwimmen muss, wenn ich zur Quelle gelangen will.

Ihre mitunter ungewöhnlichen Gedanken treffen nicht bei allen Wissenschaftlern auf Zustimmung. Wie gehen Sie damit um?

Niemz: Etwa die Hälfte aller Physiker glaubt an Gott. Von dieser Gruppe erhalte ich viel Unterstützung. Es gibt aber Kollegen, die sogar die Liebe mit Physik erklären wollen. Diese Wissenschaftler halte ich für genauso engstirnig wie Theologen, die behaupten, das Leben sei tatsächlich in sieben Tagen entstanden. Dass mich die Fakultät für Physik und Astronomie der Universität Heidelberg um die Rückgabe meiner Lehrerlaubnis gebeten hat, war ein unnötiges Ansinnen, weil es dem Wunsch nach mehr Interdisziplinarität abträglich ist. Ich bin dieser Bitte nicht nachgekommen, weil ich nichts physikalisch Falsches behaupte. Es ist mein gutes Recht, auch als Physiker an einen Gott meiner Wahl zu glauben. Schließlich leben wir heute nicht mehr im Mittelalter.

Ihre Lesungen und Vorträge sind regelmäßig ausgebucht. Worauf führen Sie dieses große Interesse zurück?

Niemz: Ich predige weder dogmatische Texte noch komplizierte Formeln. Dafür biete ich meinen Zuhörerinnen und Zuhörern ein dynamisches, ausbaufähiges Weltbild an. Ich rede nichts schön, sondern ich präsentiere ungewöhnliche und mitunter unbequeme

Gedanken, mit denen ich bis zur Substanz unserer Persönlichkeit vordringe. Diese nicht verletzende, aber doch direkte Ansprache scheint meine Leserinnen und Leser tief zu berühren.

Welche Ziele verfolgen Sie mit Ihrer Stiftung Lucys Kinder?

Niemz: Mit dieser Stiftung setze ich um, was ich beim Schreiben meiner Bücher erkannt habe: Wenn Liebe und Wissen die höchsten Werte im Leben sind, dann gilt es, diese zu vermehren. Die Stiftung setzt sich dafür ein, dass auch Kinder aus den ärmsten Ländern dieser Welt Liebe fühlen und Wissen lernen können. Zurzeit fördern wir den Aufbau einer Schule in Zentralindien, wo mehr als 85 Prozent der Bevölkerung Analphabeten sind.

Welchen Rat möchten Sie uns noch mit auf den Weg geben?

Niemz: Meine Theorie reift mit mir. Also empfehle ich zum Einstieg stets mein jüngstes Buch. Meine früheren Werke sind dann interessant, wenn Sie die Entwicklung der Gedanken nachvollziehen möchten. Bitte machen Sie sich aber bewusst, dass Antworten auf Glaubensfragen nicht beweisbar sind. Auch wir Physiker müssen Vieles glauben. Jede Theorie gilt, solange sie nicht widerlegt ist. Sie ist wahr, wenn sie nie widerlegt wird. Folglich können wir uns der Wahrheit nur nähern. Viel wichtiger als ein blindes Glauben ist ein kritisches Hinterfragen. Die attraktivste Religion ist wertlos, wenn sie nicht hinterfragt werden darf.

Stiftung Lucys Kinder

Mildtätige und/oder gemeinnützige Stiftungen sind ein unbürokratischer Weg, dem Ich-Wahn in unserer Gesellschaft entgegenzuwirken. So lassen sich gezielt wichtige Projekte fördern, die den Bedürftigen beziehungsweise der Gemeinschaft zugute kommen. Liebe und Wissen weitergeben kann nur der, dem sie selbst zuteil wurden. Die Bereitschaft, sich für andere einzusetzen, muss also schon im jungen Alter angelegt werden – in den Schulen! Die *Stiftung Lucys Kinder* möchte auch Kindern aus den ärmsten Ländern dieser Welt Zugang zu Liebe und Wissen ermöglichen: *Liebe durch Zuneigung, Wissen durch Bildung.* Wenn diese Kinder später genauso denken, wird sich jeder noch so kleine Stiftungsbeitrag vervielfachen und unzählige Früchte tragen …

Abb. 30: Aktuelles Förderprojekt der Stiftung Lucys Kinder

Abb. 31: Wissen durch Bildung

Ganzheitlich denken ist gut, ganzheitlich handeln ist besser! Ich betrachte es als eine der größten Herausforderungen der Menschheit, weltweit Schulen zu errichten, die eine umfassende Allgemeinbildung garantieren. »Allgemein« bedeutet, dass der Unterricht nicht ideologisch gefärbt sein darf, sondern alle politischen und religiösen Überzeugungen objektiv miteinander vergleicht. Um diesem hohen Anspruch gerecht zu werden, müssen staatliche Schulträger auf jede politische Doktrin und kirchliche Schulträger auf jede Missionsarbeit verzichten. Nur so kann die junge Generation selbst erkennen, wie wertvoll die Demokratie und die Religionsfreiheit wirklich sind. Und nur so wird es gelingen, den Hass in der Welt abzubauen und unser Gemeinschaftsgefühl zu stärken. Bildung muss stets einen Weg in die eigene Erfahrung zeigen. Deswegen biete ich mit meinen Gedanken auch *keine* neue Religion an, sondern ermuntere Sie, Ihr eigenes Weltbild nach Ungereimtheiten zu durchforsten.

Im Mai 2007 habe ich die *Stiftung Lucys Kinder* gegründet und sie mit einem Startkapital von 100 000 Euro ausgestattet, dem Autorenhonorar aus meinen Lucy-Büchern. Dank Ihrer großzügigen Spendenbereitschaft und der Zinserträge konnten bis Mai 2011 mehr als 33 500 Euro an das aktuelle Förderprojekt überwiesen werden: den Aufbau einer Schule für notleidende Kinder im Jhabua-Distrikt in Zentralindien. Die Bhil-Ureinwohner weisen mit 85 Prozent die höchste Analphabetenrate des Landes auf. Zurzeit wird die Schule von 320 Kindern besucht. Sie alle wohnen im Schulinternat, so dass sichergestellt ist, dass sie sich gut ernähren, Hygiene lernen und sich endlich jemand liebevoll um sie kümmert. Die Stiftung investiert in ein liebenswerteres Leben und in die Ausbildung der Kinder: Bisher wurden ein Schulbus und ein Jeep für die Krankenstation finanziert, ein Brunnen ausgehoben, ein großer Sanitätsblock eingerichtet und Bücher gekauft. Unterrichtet wird in den Fächern Englisch, Hindi, Sanskrit, Umweltkunde, Wissenschaften und Mathematik.

Abb. 32: Liebe durch Zuneigung

Abb. 33: Finanzierung eines Schulbusses

An dieser Stelle will ich mich sehr herzlich bei dem Team um Dagmar von Tschurtschenthaler und Hans-Jürgen Tögel (Regisseur vom »ZDF Traumschiff«) bedanken, deren Organisation *Children-Indien* dieses Projekt umsetzt. Es erfüllt genau die Ziele, die ich auch mit meinen Büchern verfolge: Liebe und Wissen in der Welt vermehren, ohne dabei politisch oder religiös überzeugen zu wollen. Die *Stiftung Lucys Kinder* ist beim Finanzamt München als gemeinnützig und mildtätig anerkannt (Bescheid vom 30. Mai 2007).

Spendenkonto:	Stiftung Lucys Kinder
Kontonummer:	**375 1440 144**
Bank:	Bank für Sozialwirtschaft, München
BLZ:	**700 205 00**

Spenden ist auch *online* möglich.
Infos hierzu auf: *www.Lucys-Kinder.de*

Anmerkungen

1 Albert Einstein schreibt 1926 in einem Brief an Max Born: »Jedenfalls bin ich überzeugt davon, dass der nicht würfelt.«

2 Meldung der japanischen Nachrichtenagentur Kyodo vom 12. März 2011.

3 *Lucy mit c,* Norderstedt 2005, *Lucy im Licht,* München 2007, und *Lucys Vermächtnis,* München 2009.

4 de.wikipedia.org/wiki/Ablauf_der_Terroranschläge_am_11._September_2001

5 Aust S., Schnibben C. (Hrsg.): *11. September,* München 2002, S. 53.

6 Siehe 4.

7 en.wikipedia.org/wiki/September_11_attacks

8 Ebenda.

9 Coates S.W., Schechter D.S.: *Preschoolers'Traumatic Stress Post-9/11,* Psychiatric Clinics of North America 2004, S. 473.

10 Frei übersetzt von: www.southofboston.net/specialreports/sept11/pages/4-5.shtml

11 de.wikipedia.org/wiki/Welthunger

12 de.wikipedia.org/wiki/Erdbeben_im_Indischen_Ozean_2004

13 Ebenda.

14 Schnibben C. (Hrsg.): *Tsunami,* München 2005, S. 55.

15 Mayer G.: *Die Kälte darf nicht siegen,* Berlin 2010, S. 11.

16 www.taz.de/1/leben/medien/artikel/1/bis-zur-letzten-traene

17 www.sueddeutsche.de/panorama/erdbeben-zehn-meter-tsunami-trifft-japans-kueste-1.1070525

18 de.wikipedia.org/wiki/Caesium

19 de.wikipedia.org/wiki/Plutonium

20 www.usa-reporter.com/reporter/2011/03/14/kalifornien-zwei-atomkraftwerke-im-erdbebengebiet

21 Leibniz G.W.: *Essais de théodicée sur la bonté de Dieu, la liberté de l'homme et l'origine du mal,* 1710.

22 de.wikipedia.org/wiki/Theodizee

23 Dieses Zitat wird Werner Heisenberg zugeschrieben.

24 Darwin C.: *On the Origin of Species,* London 1859.

25 The Chimpanzee Sequencing and Analysis Consortium: *Initial Sequence of the Chimpanzee Genome and Comparison with the Human Genome,* Nature 2005, 437, S. 69.

26 en.wikipedia.org/wiki/Creationism

27 Schrader C.: *Darwins Werk und Gottes Beitrag,* Freiburg 2007, S. 101.

28 Mendel G.: *Versuche über Pflanzenhybriden,* Brünn 1866.

29 Newton I.: *Philosophiae Naturalis Principia Mathematica,* Cambridge 1687.

30 Lanzenberger G.: *Schöpfung ist Evolution,* Karlsruhe 1991, S. 15.

31 Einstein A.: *Zur Elektrodynamik bewegter Körper,* Annalen der Physik 1905, 17, S. 891. Einstein A.: *Die Grundlage der allgemeinen Relativitätstheorie,* Annalen der Physik 1916, 49, S. 769.

32 Die mittlere Distanz zwischen Erde und Mond beträgt etwa 384 000 Kilometer. Der Einfachheit halber rechne ich mit 300 000 Kilometer.

33 Albert Einstein schreibt diesen Satz 1955 in einem Brief an die Hinterbliebenen von Michele Besso.

34 de.wikipedia.org/wiki/Zwillingsparadoxon

35 de.wikipedia.org/wiki/Urknall

36 Ab Seite 93 erläutere ich, warum jede Distanz für das Licht auf den Wert null schrumpft.

37 de.wikipedia.org/wiki/Universum

38 Siehe 36.

39 Planck M.: *Zur Theorie des Gesetzes der Energieverteilung im Normalspektrum*, Verhandlungen der Deutschen Physikalischen Gesellschaft 1900, 17, S. 245.

40 Heisenberg W.: *Über den anschaulichen Inhalt der quantentheoretischen Kinematik und Mechanik*, Zeitschrift für Physik 1927, 43, S. 172.

41 Schrödinger E.: *Die gegenwärtige Situation in der Quantenmechanik*, Die Naturwissenschaften 1935, 23, S. 807.

42 Aspect A., Dalibard J., Roger G.: *Experimental Test of Bell's Inequalities Using Time-Varying Analyzers*, Physical Review Letters 1982, 49, S. 1804.

43 Unser Sohn Samuel, der gerade mit Begeisterung die verschiedenen Tierlaute lernt, hat mich zu dieser außergewöhnlichen Veranschaulichung der verschränkten Teilchen inspiriert.

44 Albert Einstein wählt diesen Begriff 1947 in einem Brief an Max Born.

45 www.pm-magazin.de/a/am-anfang-war-der-quantengeist

46 Popper K.R.: *Die offene Gesellschaft und ihre Feinde*, München 1980, S. 20.

47 Feyerabend P.: *Wider den Methodenzwang*, Frankfurt 1976, S. 45.

48 Maslow A.H.: *Die Psychologie der Wissenschaft*, München 1977, S. 100.

49 de.wikibooks.org/wiki/Mensch_in_Zahlen

50 Kübler-Ross E.: *Interviews mit Sterbenden*, Berlin 1971.

51 Moody R.: *Leben nach dem Tod*, Reinbek 1977.

52 Moody R.: *Leben nach dem Tod*, Reinbek 2004, S. 40.

53 Ring K.: *Life at Death*, New York 1980.

54 van Lommel P.: *Endloses Bewusstsein. Neue medizinische Fakten zur Nahtoderfahrung*: © Patmos Verlag der Schwabenverlag AG, Ostfildern 2011. www.verlagsgruppe-patmos.de, S. 39.

55 Moody R.: *Leben nach dem Tod*, Reinbek 2004, S. 45.

56 Siehe 54.

57 van Lommel P.: Pim van Lommel, *Endloses Bewusstsein. Neue medizinische Fakten zur Nahtoderfahrung*: © Patmos Verlag der Schwabenverlag AG, Ostfildern 2011. www.verlagsgruppe-patmos.de, S. 49.

58 Siehe 54.

59 van Lommel P.: Pim van Lommel, *Endloses Bewusstsein. Neue medizinische Fakten zur Nahtoderfahrung*: © Patmos Verlag der Schwabenverlag AG, Ostfildern 2011. www.verlagsgruppe-patmos.de, S. 54.

60 Siehe 54.

61 Ring K., Elsaesser-Valarino E.: *Im Angesicht des Lichts*, Kreuzlingen 1999, S. 299.

62 Siehe 54.

63 Moody R.: *Das Licht von drüben,* Reinbek 2004, S. 59.
64 van Lommel P.: a.a.O., S. 61.
65 Ebenda, S. 121.
66 ARD-Talkshow *Fliege* vom 28. November 2002.
67 Schröter-Kunhardt M.: *Das Jenseits in uns,* Psychologie heute 1993, 6, S. 64.
68 Jung C.G.: *Erinnerungen, Träume, Gedanken,* Olten 1979, S. 293.
69 Morse M.: *Zum Licht,* Frankfurt 1992, S. 28.
70 van Lommel P., van Wees R., Meyers V., Elfferich I.: *Near-Death Experience in Survivors of Cardiac Arrest,* Lancet 2001, 358, S. 2039.
71 van Lommel P.: a.a.O., S. 170.
72 Kuhn T.S.: *The Structure of Scientific Revolutions,* Chicago 1962.
73 Niemz M.H.: *Lucy mit c,* Norderstedt 2005, S. 19.
74 Niemz M.H.: *Lucy im Licht,* München 2007, S. 70.
75 Ruder H., Nollert H.-P.: *Einsteins Holodeck,* Spektrum der Wissenschaft 2005, 7, S. 56.
76 Die Bibel: *2. Mose* 20, 4.
77 Paret R.: *Das islamische Bilderverbot und die Schia,* in: *Festschrift Werner Caskel,* Leiden 1968, S. 224.
78 de.wikipedia.org/wiki/Weltreligion
79 Der Buddhismus ist eher eine Lebensphilosophie als eine Religion.
80 Niemz M.H.: *Lucy im Licht,* München 2007, S. 135.
81 Die Bibel: *1. Mose* 1, 3.
82 Der Koran: *Al-Baqarah* 2, 97.
83 Die Bibel: *2. Mose* 20, 2.
84 Wahrscheinlich stammt dieses Zitat aus einer Zeit vor Mahatma Gandhi. Siehe: en.wikiquote.org/wiki/Mahatma_Gandhi
85 Die Bibel: *Matthäus* 22, 39.
86 Moody R.: *Leben nach dem Tod,* Reinbek 2004, S. 117. Schröter-Kunhardt M.: *Das Jenseits in uns,* Psychologie heute 1993, 6, S. 64.
87 Jäger W.: *Aufbruch in ein neues Land,* Freiburg 2009, S. 121.
88 Die Bibel: *1. Johannes* 4, 16.
89 Gandhi M.K.: *Freiheit ohne Gewalt,* Köln 1968, S. 93.
90 Die Bibel: *Johannes* 15, 5.
91 Heisenberg W.: *Der Teil und das Ganze,* München 1969, S. 293.
92 Schrödinger E.: *Das arithmetische Paradoxon,* in: *Physik und Transzendenz,* Bern 1988, S. 169.
93 von Weizsäcker C.F.: *Aufbau der Physik,* München 1985, S. 503.
94 Moody R.: *Leben nach dem Tod,* Reinbek 2004, S. 66.
95 de.wikipedia.org/wiki/Sonnenblume
96 van Lommel P.: Pim van Lommel, *Endloses Bewusstsein. Neue medizinische Fakten zur Nahtoderfahrung:* © Patmos Verlag der Schwabenverlag AG, Ostfildern 2011. www.verlagsgruppe-patmos.de, S. 226.
97 Moody R.: *Leben nach dem Tod,* Reinbek 2004, S. 78.
98 Precht R.D.: *Wer bin ich – und wenn ja, wie viele?* München 2007, S. 220.
99 www.vegetarismus.ch/info/16.htm
100 Hanh T.N.: *Im Hier und Jetzt zuhause sein,* Freiburg 2010, S. 29.
101 Greene B.: *Der Stoff, aus dem der Kosmos ist,* München 2007, S. 430.
102 Die Bibel: *Johannes* 8, 12.

103 Siehe 45.
104 van Lommel P.: Pim van Lommel, *Endloses Bewusstsein. Neue medizinische Fakten zur Nahtoderfahrung*: © Patmos Verlag der Schwabenverlag AG, Ostfildern 2011. www.verlagsgruppe-patmos.de, S. 236.
105 Rudolfs E-Mail vom 23. Mai 2009.
106 Ring K., Elsaesser-Valarino E.: *Im Angesicht des Lichts*, Kreuzlingen 1999, S. 78.
107 Ebenda, S. 83.
108 Schreiber M.: *Was von uns bleibt*, München 2008, S. 22.
109 Tomatis A.A.: *Der Klang des Lebens*, Reinbek 1993, S. 51.
110 Angeliques E-Mail vom 08. November 2009.
111 Steindl-Rast D.: *Credo*, Freiburg 2010, S. 17.
112 Die Bibel: *1. Korinther* 13, 8.
113 Dürr H.-P., Panikkar R.: *Liebe – Urquelle des Kosmos*, Freiburg 2008, S. 120.
114 Precht R.D.: *Wer bin ich – und wenn ja, wie viele?* München 2007, S. 364.
115 Interview mit Eckart von Hirschhausen vom 29. Mai 2010, das Susanne Happ für die Studienstiftung des Deutschen Volkes geführt hat.
116 Smith R., Schroeder K.-P.: *Distant Future of the Sun and Earth Revisited*, Monthly Notices of the Royal Astronomical Society 2008, 386, S. 155.
117 www.beobachter.ch/konsum/konsumfallen/artikel/psychologie_pokerspiel-hat-ein-hohes-suchtpotential
118 Viele mildtätige Organisationen veranschlagen zurzeit 30 Euro pro Monat für eine Kinderpatenschaft in Entwicklungsländern.
119 Precht R.D.: *Wer bin ich – und wenn ja, wie viele?* München 2007, S. 350.
120 Layard R.: *Die glückliche Gesellschaft*, Frankfurt 2005, S. 165.
121 Siehe 85.
122 Kant I.: *Kritik der praktischen Vernunft*, Riga 1788, §7, A 54.
123 Popp F.A.: *Die Botschaft der Nahrung*, Frankfurt 1999, S. 15.
124 mbaoath.org/about/the-mba-oath
125 van Lommel P.: a.a.O., S. 80.
126 Dieses Zitat wird Ricarda Huch zugeschrieben.
127 Hawking S., Mlodinow L.: *Der große Entwurf*, Reinbek 2010, S. 11.
128 Morse M.: *Zum Licht*, Frankfurt 1992, S. 48.
129 Siehe 67.
130 Ewald G.: *Nahtoderfahrungen*, Kevelaer 2006, S. 14.
131 Ring K., Elsaesser-Valarino E.: *Im Angesicht des Lichts*, Kreuzlingen 1999, S. 146.
132 van Lommel P.: Pim van Lommel, *Endloses Bewusstsein. Neue medizinische Fakten zur Nahtoderfahrung*: © Patmos Verlag der Schwabenverlag AG, Ostfildern 2011. www.verlagsgruppe-patmos.de, S. 222.
133 Ring K., Elsaesser-Valarino E.: *Im Angesicht des Lichts*, Kreuzlingen 1999, S. 148.
134 Nicolay J.: *Was hast du aus deinem Leben gemacht?* in: *Nahtod und Transzendenz*, Goch 2007, S. 158.
135 van Lommel P.: a.a.O., S. 80.
136 Ring K., Elsaesser-Valarino E.: *Im Angesicht des Lichts*, Kreuzlingen 1999, S. 157.

137 Dagmars E-Mail vom 16. Februar 2008.
138 Ring K.: *Solving the Riddle of Frightening Near-Death Experiences,* Journal of Near-Death Studies 1994, 13, S. 10.
139 van Lommel P.: Pim van Lommel, *Endloses Bewusstsein. Neue medizinische Fakten zur Nahtoderfahrung*: © Patmos Verlag der Schwabenverlag AG, Ostfildern 2011. www.verlagsgruppe-patmos.de, S. 232.
140 Ring K., Elsaesser-Valarino E.: *Im Angesicht des Lichts,* Kreuzlingen 1999, S. 45.
141 *Upanishaden* 4, 4.
142 Schopenhauer A.: *Parerga und Paralipomena II,* Frankfurt 1986, S. 140.
143 Drees I.: *Nahtoderfahrung,* in: *Durch den Tunnel,* Goch 2007, S. 166.
144 Capra F.: *Das Tao der Physik,* München 1997, S. 131.
145 Dalai Lama: *Die Welt in einem einzigen Atom,* Berlin 2005, S. 56.
146 de.wikipedia.org/wiki/Weltbevölkerung
147 von Weizsäcker C.F.: *Der Garten des Menschlichen,* München 1978, S. 594.
148 Schreiber M.: *Was von uns bleibt,* München 2008, S. 89.
149 Dieses Zitat wird Adi Shankara zugeschrieben.
150 Plato: *Politeia,* VII, 514a.
151 Eckstein F.: *Abriss der griechischen Philosophie,* Frankfurt 1974, S. 37.
152 Plato: *Parmenides,* 128a.
153 Steindl-Rast D.: *Credo,* Freiburg 2010, S. 230.
154 Jäger W.: *Die Welle ist das Meer,* Freiburg 2010, S. 29.
155 Jäger W.: *Wiederkehr der Mystik,* Freiburg 2005, S. 74.
156 Greene B.: *Der Stoff, aus dem der Kosmos ist,* München 2007, S. 389.
157 Siehe 45.
158 Hanh T.N.: *Buddha und Christus heute,* München 1999, S. 162.
159 Metzinger T.: *Der Ego-Tunnel,* Berlin 2010, S. 289.
160 Jäger W.: *Das Leben endet nie,* Yoga aktuell, Mai 2006, S. 45.
161 Dawkins R.: *Der Gotteswahn,* Berlin 2007, S. 12.
162 Meister Eckhart: *Predigt 7.*
163 Die Bibel: *Johannes* 10, 30.

Bild- und Textnachweis

Abb. 1, 7a, 8–14, 18–29: Markolf H. Niemz

Abb. 2–5, 6b, 17c, 17e: © dpa Picture-Alliance

Abb. 6a (Schneekristall): http://www.its.caltech.edu/~atomic/snowcrystals/class/w050207a039.jpg [15.03.2011], © Kenneth G. Libbrecht

Abb. 6c (Bienenwabe): © Richard Blaker – Fotolia.com

Abb. 7b (Schneckenhaus): Tom Meijer, Arianta arbustorum; Pulmonate land snail species from city walls of Braunau, Australia September 1968, Wikipedia http://en.wikipedia.org/wiki/File: Arianta_arbustorum_-_Braunau-1968.jpg [16.02.2011]

Abb. 7c (Galaxie): The spiral galaxy »Messier 81«, Wikipedia http://de.wikipedia.org/w/index.php?title=Datei:Messier81_highres.jpg&filetimestamp=20050507104411 [16.02.2011]

Abb. 15: Außerkörperliche Erfahrung eines sechsjährigen Mädchens während einer NTE aus: Pim van Lommel, *Endloses Bewusstsein. Neue medizinische Fakten zur Nahtoderfahrung.* © Patmos Verlag der Schwabenverlag AG, Ostfildern 2011, S. 105. www.verlagsgruppe-patmos.de

Abb. 16: PD Dr. H.-P. Nollert, Universität Tübingen

Abb. 17a (Ra): Wikipedia http://de.wikipedia.org/w/index.php?title=Datei:Sun_god_Ra2.svg&filetimestamp=20060913115303 [16.02.2011]

Abb. 17b (Isis): Wikipedia http://de.wikipedia.org/w/index.php?title=Datei:Isis.svg&filetimestamp=20071220013939 [16.02.2011]

Abb. 17d (Zeus): Herder Lexikon. Griechische und römische Mythologie

Abb. 17f (Brahma): http://www.exoticindiaart.com/brass/chaturmukha_brahma_zk57.jpg [16.02.2011]

Abb. 17g (Jupiter): Wikipedia http://de.wikipedia.org/w/index.php?title=Datei:Jupiter_cameo_Louvre_Bj1820.jpg&filetimestamp=20061030201426 [16.02.2011]

Abb. 17h (Juno): Wikimedia http://commons.wikimedia.org/wiki/File:1002.G%C3%B6ttin_Juno_mit_Pfau-Francois_Gaspard_Adam%281753%29-Franz%C3%B6sisches_Rondell_Sanssouci_Steffen_Heilfort.JPG [16.02.2011]

Abb. 17i (Buddha): http://omnihorizon.com.sg/images/Laughing%20Buddha.jpg [16.02.2011]

Abb. 30–33: Children-Indien, München

Christie Coombs, Übersetzung von M. H. Niemz. Englischer Originaltext im Internet unter: http://www.southofboston.net/specialreports/sept11/pages/4-5.shtml

Gisela Mayer, Die Kälte darf nicht siegen, © 2010 Ullstein Buchverlage GmbH, Berlin, Seite 11–17

Sylvanus Wilfred, in: Cordt Schnibben (Hrsg,): Tsunami. Geschichte eines Weltbebens, © 2005 Deutsche Verlags-Anstalt, München, in der Verlagsgruppe Random House GmbH. In Kooperation mit dem SPIEGEL-Verlag, Hamburg, Seite 55–56

Danksagung und Kontaktmöglichkeit

Dankbar bin ich, dass mir im Leben viel Liebe und Wissen zuteil wurden. Die Liebe habe ich vor allem meiner Familie, meinen Eltern und Freunden zu verdanken, das Wissen meinen Lehrern und Kollegen. Sie alle haben ganz wesentlich dazu beigetragen, dass dieses Buch so ist, wie es ist.

Ein besonderer Dank gilt Dieter Becker von der Theologischen Hochschule Neuendettelsau, Werner Müller von der Universität des Saarlandes und Pfarrer Gerhard Lanzenberger für fruchtbare Gespräche über den christlichen Glauben und die Ewigkeit. Mit Xuan-Phuc Nguyen, Arbeitskollege und buddhistischer Mönch, verbinden mich viele anregende Diskussionen über die Advaita-Lehre und das Nirvana.

———————

Wenn Sie das eine oder andere Thema des Buches mit mir diskutieren möchten, dürfen Sie mir gerne schreiben:

markolf.niemz@herder.de

Bisher habe ich noch jede E-Mail persönlich beantworten können. Ob das auch in Zukunft möglich sein wird, hängt von der Menge aller Zuschriften ab.